上海交通大学现代金融研究中心系列丛书

熊义明 著

发达国家
主权债务削减
方式研究

格致出版社　上海人民出版社

　　自 2007 年金融危机发生以来,发达国家主权债务急剧膨胀,债务水平创二战以来的新高,在人口老龄化的大背景下,债务上升势头似乎难以遏制。高债务有巨大危害:首先,它增加了债务危机爆发的可能性;其次,它对一国长期经济增长有负面作用(Reinhart and Rogoff,2010a);再次,它会削弱一国应对突发危机的能力,如战争或自然灾害等。

　　面临高债务的国家会采用某些方式将债务降下来,但其选择的方式却不同。通常经济增长与财政紧缩是债权人比较偏好的方式,而公开违约与隐形违约(通胀)也并不鲜见。弄清发达国家未来如何选择债务削减方式十分重要。首先,在人口老龄化背景下,发达国家主权债务可能会继续膨胀;其次,受债务困扰的国家会采用一切可用办法减少债务以防失控,了解削减方式有助于把握发达国家政策走向;最后,债务膨胀的直接后果是违约与通胀概率上升,这给我国外汇储备管理带来重大挑战。

　　但是,关于发达国家主权债务削减方式问题的研究较少,已有的研究有三方面的不足:一是相对于理论研究而言,实证研究较少;二是相对于美国债务问题研究而言,跨国研究较少;三是 1970 年以后的短序列研究较多,长时期的研究较少。这三方面的不足,皆与数据的可得性较差有关。本书试图弥补这一缺陷,Reinhart 和 Rogoff(2010b)建立的长达 800 年债务数据库,使本书研究成为可能,但我们的研究与他们有所不同。其中最主要的差别是:他们专注于负债率与经济增长等指标的直接对比,通过将各样本点的负债率与经济增长等数据画在一个图上,得出高债务导致低增长等结论。而本书则偏重于对债务削减的考察,试图寻找影响债务削减幅度大小的因素,得出的结论包括通胀差异是影响债务削减幅度大小的关键因素等。

本书的研究方法是从历史的视角出发，将理论与逻辑有机结合起来。从历史的视角出发，是因为发达国家不是第一次面对目前的高债务问题。二战后，发达国家普遍面临比今天还高的债务，但后来都成功将其降到了合理水平。我们研究了110年21个发达国家的经验数据，试图从一个长周期内各国债务削减的实践中，去寻找答案。在总结经验规律的基础上，我们从理论和逻辑上论证了其合理性，以期为未来观察发达国家债务趋势与政策走向提供一个参照。

通过理论与实证分析，本书得出了一些有意义的结论，其中核心结论包括：

（1）如果将债务削减归结为两个因素的变化，即名义GDP增速与总体赤字率，我们研究发现，名义GDP的快速增长是债务大幅削减的主要方式，财政盈余对债务削减的贡献大多为负。如果将名义GDP增长分解为实际GDP增长和通货膨胀，我们发现，在幅度较大的债务削减历程中，通胀的贡献普遍高于经济增长。另外，名义GDP的波动也由通胀主导，名义GDP增长与通胀的相关系数高达0.95，与经济增长的相关系数仅为0.48。

（2）通过考察实际GDP增长、通胀和财政紧缩三种削减方式的作用大小，我们发现，通胀差异是影响债务削减幅度大小的关键因素，经济增长差异最小，财政紧缩介于二者之间。

（3）在债务削减过程中，发达国家普遍出现的是适度通胀，而非恶性通胀。从历史经验来看，这种适度通胀平均在4%—5%，10%以上的通胀水平并不常见。另外，通货紧缩对债务削减非常不利，债务削减幅度较小的国家，大部分像最近20年的日本一样陷入了通缩。

（4）在债务削减过程中，适度通胀与金融抑制组合的效果最好，即在通胀上升时，政府通过人为手段抑制利率上升，来达到削减债务的目的。二战后，适度通胀和金融抑制的搭配在美国债务大幅削减中发挥了重要作用。

展望未来，由于人口老龄化等原因，发达国家可能会持续面临高债务问题。我们认为，美日德法等大国违约的概率较小，因为危机时这些国家央行可以充当最后贷款人。各国会不同程度地依赖经济增长和财政紧缩来削减债务，但由于中期内经济增长等于潜在增速，政府难以左右，而财政紧缩在现实中又面临诸多障碍，所以发达国家想取得更大的削减空间，将主要依靠通货膨胀和金融抑制。

不同国家对债务削减方式选择的侧重点会有所不同。适度通胀与金融抑制的搭配可能会成为未来美国削减债务的主要方式。日本债务利率已经很低,继续实行金融抑制的空间有限,日本政府今后可能寻求更宽松的货币政策以刺激通胀,以达到削减债务和走出通缩的双重目的。对欧元区各国来说,基于共同货币的原因,西班牙等国通过违约削减债务的概率较大,而德国与荷兰等国将更多依靠财政紧缩与经济增长来削减债务。

本书的创新主要有三点:

一是研究视角的创新。现有关于发达国家主权债务削减问题的研究中,长周期跨国的研究非常少,这与数据不易获得有关,Reinhart 和 Rogoff(2010b)建立的长达 800 年债务数据库,使本书研究成为可能。

二是理论和方法的创新。理论上,与已有文献不同,本书考虑了内债与外债的区分,我们回答了一国如何在不同削减方式之间权衡取舍。方法上,我们将债务削减分为明显与不明显,并比较不同削减幅度幅度的特征,另外,针对同一问题,我们采用了对比分析、计量分析与贡献度分解三种方法,而且做了大量稳健性分析,使结论的可信度大大增强。

三是得出有意义的结论。本书在现有框架基础之上,通过实证研究得出了一些有意义的结论。包括:名义 GDP 快速增长是债务大幅削减的主要方式;通胀差异是影响债务削减幅度大小的关键因素;通货紧缩对债务削减非常不利,减债幅度较小的大部分国家陷入了通缩;等等。

CONTENTS 目录

第1章 导论

001　1.1　研究背景与意义

007　1.2　研究思路和内容

008　1.3　研究对象及相关概念的界定

011　1.4　本书的创新点

第2章 国内外研究综述

013　2.1　偿债动机综述

014　2.2　违约成本综述

017　2.3　主权债务削减方式综述

022　2.4　主权债务问题国内研究综述

024　2.5　研究述评

024　2.6　本章小结

第3章 理论分析

026　3.1　政府收支恒等式与债务削减方式

028　3.2　不同方式的削减机制

033　3.3　债务削减方式的搭配

035　3.4　影响债务削减方式选择的因素

038   3.5   理解债务削减方式贡献度的理论框架

040   3.6   本章小结

第4章   发达国家主权债务的削减:跨国比较

042   4.1   引言

043   4.2   发达国家政府债务削减的历程

045   4.3   发达国家债务削减的总体特征

057   4.4   计量分析

063   4.5   各债务削减方式的贡献度分解

070   4.6   结果解释与债务削减的逻辑

071   4.7   本章小结

第5章   发达国家主权债务的削减:部分国家的经验

073   5.1   引言

074   5.2   美国经验

087   5.3   "PIIGS 五国"经验

090   5.4   其他重要国家经验

092   5.5   本章小结

第6章   发达国家主权债务的削减:未来前景

094   6.1   发达国家的债务前景

095   6.2   发达国家未来债务削减方式展望

102   6.3   发达国家未来债务削减方式选择的潜在影响

105　6.4　债权国的应对

112　6.5　本章小结

第 7 章　结论和未来研究方向

114　7.1　全文总结

117　7.2　未来研究的方向

118　**附录：1901—2010 年 21 个样本国家负债率**

126　**参考文献**

136　**后记**

第1章　导论

发达国家主权债务问题始于欧洲,但不会终于欧洲。人口老龄化与发达国家的福利制度,注定了债务问题将在未来若干年继续存在,值得我们研究。

1.1　研究背景与意义

1.1.1　研究背景

2009 年 12 月,希腊债务危机拉开序幕,导火索是国际三大评级机构下调希腊债务评级。危机开始前,投资者对希腊国债市场还比较有信心,这可以从两个指标得到反映。2009 年 12 月 1 日,希腊 10 年期国债收益率为 4.9%,代表其违约风险的 5 年期国债 CDS 价格为 176。危机爆发后,投资者信心逐步恶化,这两项指标的价格也开始扶摇直上。短短的 5 个月之后,2010 年 5 月 7 日,希腊 10 年期国债收益率攀升至 12.5%,5 年期国债 CDS 价格上升到 965。不堪重负的希腊选择了申请援助,2010 年 5 月 9 日,欧盟、IMF 与欧央行三大机构向希腊伸出了援手,希腊获得救助金 1 100 亿欧元,占希腊当年 GDP 的 48.3%。

得到救助后,资本市场反应积极。2010 年 5 月 12 日,希腊 10 年期国债收益率下降至 7.2%,5 年期 CDS 价格下降至 540。此时人们以为危机就此结束,然而,冰冻三尺非一日之寒,债务的积累是多年形成的结果,注定了其解决之路并不平坦。经历短暂的下降之后,希腊国债收益率与 CDS 价格开始重新攀升,2011 年 9 月 14 日,希腊 5 年期 CDS 价格达到 5 047;2012 年 3 月 2 日,希腊 10 年期国债收益率上升到 37.1%。这些都是令人恐怖的数据,以 2012 年 3 月 2 日为例,德国 10 年期国债收益率仅为 1.8%,5 年期 CDS 价格也仅为 77。

希腊危机就像一根导火索,迅速点燃了欧债这个大火药桶。许多欧洲的问题国家相继陷入危机。2010 年 11 月 23 日,爱尔兰申请援助,2011 年 4 月 6 日,葡萄牙申请援助,2012 年 6 月 9 日,西班牙申请援助,2012 年 6 月 25 日,塞浦路斯申请援助。尽管意大利尚未正式申请援助,但其困境是显而易见的,2011 年 11 月 15 日,意大利 10 年期国债收益率达到 7.01%,尽管在欧央行的干预下,目前收益率回落到 5% 左右,但在经济衰退过程中,这样的收益率依然不可持续。

葡萄牙、爱尔兰、西班牙、意大利,这些我们熟悉的名字,与希腊一起,现在合起来被称为"PIIGS 五国"。它们的一举一动不仅关乎这些国家自身的命运,而且也牵动全世界投资者的心。在危机蔓延之际,不仅欧洲股市大跌,远在大西洋对岸的美国,和远在太平洋的中国,股市都经历了大幅下跌。以 2012 年 5 月为例,当时希腊选举风波,西班牙面临银行危机。2012 年 5 月 1 日至 6 月 4 日,希腊股市下跌 24.6%,德国股指下跌 11.6%,标普 500 指数下跌 9.1%,上证指数下跌 4.6%,事实上,也正是从 5 月初开始,上证指数一路下跌,直到创出近期新低 1 949 点,期间几乎没有像样的反弹。

欧债风波不仅对资本市场造成了影响,也对实体经济造成了巨大创伤。希腊经济已经连续 5 年衰退,2011 年其 -6.9% 的增速在发达国家中倒数第一。其他欧元区经济也受到了很大影响,自 2012 年二季度起,欧元区 GDP 同比已经连续两个季度衰退,环比已连续四个季度衰退。这也拖累了中国经济:中国对欧出口出现了连续负增长。

欧债危机还在进行之中,短期之内也不会结束,因为欧元区经济仍处于衰退之中,各主要国家负债率仍在增加;有助于解决危机的结构调整、财政联盟和一体化进程等仍旧没有显著突破。2012 年 11 月 3 日,德国总理默克尔表示,欧洲至少需要 5 年才能战胜欧债危机，这也从侧面验证了欧债危机的严峻性与长期性。

即使欧债危机得以暂时解决，但在人口老龄化、高福利以及系统性经济减速的大背景之下，欧洲、美国和日本债务仍将在相当长一段时期内维持较高水平，债务问题也将持续困扰我们，对该问题的研究便显得格外重要。

1.1.2　理论意义

政府债务问题一直是经济学研究的重要课题。早在 19 世纪初，李嘉图就提出了其著名的李嘉图等价原理，认为政府债务融资与税收融资没有差异，因而债务难以发挥积极作用。

由于政府债务本质上是财政政策的延伸，所以李嘉图的思想和其他古典经济学家一起，形成了政府财政的一种理念，即收支平衡。除了由于战争而出现过债务急剧膨胀之外，发达国家债务水平一直很低。以美国为例，除独立战争与南北战争时期外，1776 年至 1917 年期间，美国联邦政府债务占 GDP 比重从未超过20%，大部分都在 10% 以下。甚至在大萧条期间，美国政府都在平衡预算，以致恶化了危机。

自凯恩斯主义盛行之后，政府债务便成了一个重要问题。凯恩斯主义者主张，政府应该逆风向行事，在经济低迷时期实行扩张性财政政策，保持适度"赤字"；在经济繁荣时实行紧缩性财政政策，保持适度"盈余"；这样，从一个大的周期来看，政策就实行了预算平衡。尽管从理论上看，似乎没有问题。但实践中，由于政治等原因，赤字总是难以"适度"，最后变成"过度"，而盈余出现的次数也越来越少，最后，从一个大周期来看，政府预算不再平衡，而是出现明显的债务积累。

尽管凯恩斯主义曾经受到"货币主义"以及"理性预期学派"等新自由主义思想的冲击，但它至今依然有着旺盛的生命力，特别是危机之后。这便是我们在金融危机之后所见到的情形。危机之后，政府是否应该施以援手？政府职能的边界在哪里？这些问题都存在争议。

政府职能争论的同时，主权债务作为一个独立的问题开始引起人们关注，它着重对债务产生和解决等问题的研究,这归功于频繁发生的债务危机。

20 世纪 80 年代,拉美国家集体发生债务危机,其持续时间之长,影响之广泛,超出了许多人的想象。正是从那时起,拉美许多国家陷入了"中等收入陷阱",至今仍深陷泥潭之中。后来,有更多新兴市场国家加入债务危机的阵营,其中就包括俄罗斯。

拉美债务危机引发了人们对主权债务问题的思考。主权债务市场为何存在?国家在何时借贷?国家是否过度借债?主权国家为何发生债务危机?何时发生?债务违约的后果有哪些?债务重组如何进行?等等。这些问题对我们理解和把握主权债务问题非常重要,关于这方面的研究,也出现了许多经典文献。

已有研究大多针对发展中国家,因为发生债务危机的基本都是发展中国家,例如:20 世纪 80 年代的拉美债务危机、1998 年的俄罗斯债务危机与 2001 年的阿根廷债务危机。

自希腊债务危机之后,发达国家债务问题才引起人们的普遍重视,这方面的研究也日渐丰富起来。当然,也有部分前瞻的研究,如 Reinhart 和 Rogoff(2008a、2009a)就发表了关于发达国家债务问题具有影响力的文章。

对发达国家债务问题的研究与发展中国家有所不同。

首先,发达国家债务容忍度普遍比较高(Reinhart et al.,2003),许多发展中国家负债率在 50% 以下就发生了债务危机,如 2001 年的阿根廷。而日本债务早就超过 100%,但依然安然无恙,因而对发达国家到底能够承受多大的债务规模存在争议。

其次,发展中国家债务问题研究主要集中在外债,因而外债清偿能力,外债的合理规模等就成了研究的主要课题。发达国家主要集中在国内债务,而且更加富有,与发展中国家外汇短缺等问题不同,发达国家偿债能力更强。因而,发达国家的偿债意愿与偿债方式受到了更多关注,尤其是通胀稀释债务等问题受到了重点关注。

再次,发达国家一体化程度比较高,随着欧元的出现,发达国家债务问题显得尤为复杂,其影响机制与程度都和发展中国家债务危机有明显不同。

最后,发达国家债务问题更具有长期性。人口老龄化与经济增速较低等问题,使发达国家债务易上难下,导致债务问题长期存在。而发展中国家普遍处于高速增长阶段,债务问题具有短期性,其表现为经济高速发展过程中所积累问题的一次短期爆发。因而发达国家债务问题似乎更加复杂。

发达国家债务问题的一个重要方面是债务削减。但相关研究较少,且主要集中在违约这一话题上。如 Reinhart 和 Rogoff(2009a,2011)构建了一个债务违约的长期数据库,发现发达国家违约十分常见,且高负债常常伴随着高违约概率。Borensztein 和 Panizza(2008)等则研究了主权债务违约的成本。

金融危机爆发后,一些学者开始关注其他方式对债务削减的作用。Aizenman 和 Marion(2009)考察了通胀在美国债务削减中扮演的角色,Alesina 和 Ardagna(2009)分析了财政紧缩如何减少政府债务,Reinhart 和 Sbrancia(2011)以及 Sbrancia(2011)等考察了金融抑制在债务削减中的重要性,Reinhart 和 Rogoff(2010a)考察了经济增长在高债务时期的表现,Hall 和 Sargent(2010)分析了美国债务的动态演化与利率的作用。

已有研究各自从不同侧面对债务削减问题进行研究,但跨国的长周期研究比较少,重要原因是长序列负债率数据的可获得性较差。Reinhart 和 Rogoff(2010b)建立的长达 800 年债务数据库,使本文研究成为可能。但本文的研究与他们有所不同。首先,他们研究的主题比较多,包括债务危机与银行危机的关系(Reinhart and Rogoff,2008a),八百年的违约史(Reinhart and Rogoff,2008a),金融危机与债务积累的关系(Reinhart and Rogoff,2009b)等。与本书主题相关的方面,他们专注于负债率与经济增长、违约和通胀等指标的直接对比,通过将各样本点的负债率数据与经济增长、通胀等数据画在一个图上,他们得出了高债务导致高通胀、高违约概率与低增长等结论(Reinhart and Rogoff,2010a,2010b,2012)。而本书则偏重于对债务削减的考察,试图寻找影响债务削减幅度大小的因素,得出的结论包括:通胀差异是影响债务削减幅度大小的关键因素;通货紧缩对债务削减非常不利,减债幅度较小的大部分国家陷入了通缩等。其次,Reinhart 和 Sbrancia(2011)也研究了关于债务削减的课题,他们考察了金融抑制在政府债务清偿中的角色。而本书则是对各种削减方式的综合考察,侧重点是通胀、经济增长和财政紧缩等。最后,他们对债务的考察涵盖了发达国家与发展中国家,以及私人债务等,本书则主要聚焦于发达国家政府债务问题的研究。

1.1.3 现实意义

金融危机以来,发达国家主权债务急剧膨胀,债务水平创第二次世界大战以来的新高,超过一战与大萧条等高债务时期。不仅如此,伴随着西方国家人口老龄化以及目前的大衰退,主权债务上升势头似乎难以遏制。国际清算银行的报告(Cecchetti,Mohanty and Zampolli,2010)表明,在基准情景假设下,到2030年,美国政府总负债率将超过300%,日本负债率将超过400%,欧元区大多数国家也将接近200%。彼得森研究所的报告(Gagnon and Hinterschweiger,2011)认为,除非预期的收支发生重大的变化,否则目前大多数发达经济体的公共债务状况将在未来20年里发展到危险而且不可持续的水平。

高债务危害巨大。首先,它增加了债务危机的可能性,而债务危机会导致国家信用受损、政治地位下降、各类资产价格崩溃、短期经济萧条以及社会不稳定等不良后果;其次,高债务对一国长期经济增长有负面作用,Reinhart 和 Rogoff(2010a)考察了近200年来44个国家的情况,发现当一国负债率超过90%时,经济增速中值会下移1%,平均增速下降幅度更大,其中发达国家与发展中国家相似;再次,高债务会增加债务的风险溢价,推高国债收益率,进而增加债务负担;最后,高债务会使政府应对突发事件的能力下降,例如自然灾难或者战争。目前来看,高债务的不良后果已经开始显现,冰岛破产、欧洲债务危机爆发、新兴市场通胀、美国债券评级下调以及全球经济放缓等相继出现。

面临高债务的国家,会采用某些方式将债务降下来,但选择的方式却可能不同。通常经济增长与财政紧缩是债权人比较偏好的方式,而公开违约与隐形违约(通胀)也并不鲜见。一国常常在不同债务削减方式中权衡利弊进行取舍,从而最小化其成本。

弄清发达国家未来如何选择债务削减方式十分重要。首先,主权债务问题正在困扰全球经济,并可能在未来几十年继续存在,这将对全球经济与政治格局产生影响;其次,受主权债务困扰的国家会采用一切可用办法减少债务,以防止债务失控,因此,了解削减方式对把握发达国家政策走向有重要意义;再次,主权债务膨胀的直接后果是违约与通胀概率上升,这给我国外汇储备管理带来挑战,需要我们认清形势,积极应对。

1.2 研究思路和内容

如何把握削减方式的选择,可以从历史中去寻找答案。事实上,发达国家不是第一次面对这样的高债务问题。二战后,发达国家普遍面临比目前还高的债务,但后来都成功降到了合理水平。我们搜集了 110 年 21 个发达国家的经验数据,试图从一个长周期内各国债务削减的实践中,去寻找答案。我们力图从历史数据中发现一些有用的规律和信息,并从逻辑和理论上论证其合理性,以期为未来观察发达国家债务问题提供一个参照。

为了论述该问题,本书分为七个部分。

第 1 章引言。探讨了本书的选题背景、理论和现实意义,研究思路和内容,以及主要创新点等。

第 2 章文献综述。对债务削减问题的已有研究进行了评述。首先,对与债务削减密切相关的两个重要理论问题进行了述评,即偿债动机和违约成本。已有文献在这方面进行了许多研究,了解这两个问题对理解债务削减方式有重要意义。其次,对不同方式与债务削减关系的研究进行了评述,包括经济增长与债务削减,财政紧缩与债务削减,通货膨胀与债务削减,金融抑制与债务削减,违约与债务削减。最后,对国内有关债务问题的研究进行了简要回顾。

第 3 章理论框架。首先,通过政府收支恒等式,推出债务削减的几种方式;其次,对通胀等债务削减方式的削减机制进行了分析,并对债务削减方式之间的搭配问题进行了初步的描述,接着对影响债务削减的一些因素,如外债比例等进行了阐述;最后,提供了理解债务削减贡献度分解方法的一个理论框架。

第 4 章跨国经验比较。这一章中,对 21 个发达国家 110 年的债务削减经验进行了分析。包括分类比较、贡献度分解和计量分析。首先,我们对发达国家的平均值与中值进行了分析,发现 20 世纪以来,发达国家有 5 次幅度比较大的债务削减历程。分别是一战前、一战后、大萧条时期、二战后以及新经济时期。接着,对债务削减幅度进行了分类,并比较不同削减幅度国家所具有的普遍特征,发现了一些重要的规律,如通胀差异是影响债务削减幅度大小的关键因素等。为了结论更加可靠,我们进行了计量分析,从统计意义上证明了几种主要削减方式在债务削减中发挥的作用。最后,对不同时期债务削减贡献度进行了分解,这有助于把握不同时期债务削减的特性,并进一步论证分类比较中所得到的结论。

第5章部分国家经验。这一章中,分析了美国、"PIIGS五国"与英德法日等重要国家的债务削减经验。其中,重点分析了美国的经验,因为美国是世界上最重要的国家,而且债务数据相对齐全,更有利于深入研究债务削减细节。美国经验表明,通胀与金融抑制在美国债务削减中发挥了至关重要的作用,这在二战后初期显得尤为明显。其他国家的经验也表明,通胀在债务削减扮演了重要角色,进一步论证了跨国比较所得结论。

第6章发达国家债务的前景、未来削减方式展望以及潜在影响。首先,提出了未来发达国家债务所面临的挑战,包括医疗成本的上升、债务长期利率的回归,经济增速的下移等,为理解未来发达国家债务困境提供了思路。其次,从现实出发,重点分析了美日欧三大经济体未来债务削减的方式选择。再次,对发达国家债务削减方式所产生的未来影响进行了分析,包括对世界经济和中国经济的影响。最后,分析了债权国的应对措施,包括事前和事后的对策。

第7章结论和未来研究方向。此章对全书的主要结论进行了总结,包括理论和实证方法的结论,并对结论进行了一定程度的解释。我们还对本书研究的不足和未来研究方向进行了叙述,指出了一些我们尚未解决的问题。

1.3 研究对象及相关概念的界定

主权债务,又称公共债务或政府债务,是指政府为国防、教育与医疗等用途而发行的债务。本书会经常不加区分地使用主权债务、公共债务和政府债务概念,它们所表达的都是同样的意思。

主权债务与私人债务主要有两点区别：第一，主权债务几乎没有实物作为抵押；第二，没有一项法律强制国家必须还债。这样来看，政府债务似乎风险高于私人部门债务。但在现实中，由于一般人会假设政府永续存在，而且有持久的税收作为保障，因此，政府债券的风险常常低于私人部门，中央政府债务收益率更是被称为无风险收益率。

主权债务可以分为内债和外债。有些国家，如日本和意大利，大部分债务投资者是本国人；而另外一些国家，如美国，其发行的国债有很大一部分被外国人持有。主权债务还可分为本币定价债务和外币定价债务。发达国家政府如美国对外发行的债务大部分以美元定价，而一些发展中国家对外债务则常常以外币定价。

主权债务包括中央政府债务和地方政府债务，合起来称为一般政府债务。一些国家如西班牙，地方政府开支比重较大，因而中央政府债务与一般政府债务间差距也较大；另一些国家如美国，联邦政府支出占大部分，因而中央政府债务与一般政府债务间的差距较小。我们在媒体上所看到的美国债务，一般指美国联邦政府债务。而欧盟国家中，由于不同国家地方政府支出差异较大，为了便于统一比较，欧盟国家计算债务时通常指一般政府债务，我们在新闻中所看到的欧盟国家债务，也是指一般政府债务。

另外，债务还可分为总债务与净债务，二者之差代表政府的资产。有些国家政府拥有许多资产，因而总债务与净债务差异较大。以日本为例，2010 年，该国一般政府总债务占 GDP 比重为 220％，但一般政府净债务占 GDP 比重仅仅只有一半，即 117％。相反，希腊政府却几乎没有资产，其在 2010 年，一般政府总债务与净债务占 GDP 之比均为 143％（Nelson，2012）。本书在实证研究中，主要研究对象是中央政府总负债率，这主要因为数据的可得性。

本书所研究的政府债务，指政府公布的公开名义债务，不包含一些隐性债务与或有债务。事实上，政府债务很难准确衡量。政府不仅拥有高速公路等资产，还有许多隐性负担，包括未来养老支出，以及替大型银行的隐性担保等。为了便于研究，我们只考虑政府公布的名义债务。

由于一国债务负担常常用债务余额占 GDP 比重来衡量（Nelson，2012），所以本书所指债务削减也是指负债率的下降，即债务余额与 GDP 之比的减少，并非债务绝对值的下降。因为从长期来看，各国名义 GDP 都会上升，这样静态地看债务余额意义不大，债务余额与名义 GDP 之比能够更好地反映一国所背负的债务压力，这就如同房价高低与否不应该看其绝对值，而应该与居民收入相比较。

本书研究的是发达国家债务。发达国家债务问题与发展中国家有所不同，如前所述，其主要表现在：发达国家债务容忍度较高，经济增速较慢，债务主要以本币计价等。

对发达国家，有多种标准和定义。一种标准是按照人均 GDP 来分类，另外的标准还包括工业化程度，以及人类发展指数（HDI）等。习惯上，我们将 OECD 国家称为发达国家，2012 年 12 月为止，OECD 俱乐部有 34 个成员。按照 IMF 定义，2012 年 10 月有 35 个发达国家，它们是按照 HDI 指数高低进行的分类；2012年 12 月，世界银行定义的高收入国家有 71 个，主要指人均收入高于 12 476 美元的国家或地区。在本书的实证研究中，发达国家包括 21 个主要国家，具体情况书中有详细说明。

本书所称违约，指公开违约。有学者将通货膨胀稀释债务视为一种违约，这有一定道理，因为通货膨胀和金融抑制都是隐性的违约方式，均牺牲了债权人利益，但本书的违约概念不包括通胀和金融抑制，仅指政府公开违约的情形，在这种公开违约的情况下，政府名义债务余额会显著减少，而通胀虽然会稀释实际债务，但不会对名义债务余额产生影响。

本书有一个重要概念，即金融抑制（financial repression）。金融抑制这一概念首先由 Shaw（1973）和 McKinnon（1973）提出，随后用来描述 20 世纪 80 年代金融自由化以前，新兴市场国家的金融体系状况。Reinhart 和 Sbrancia（2011）将该概念用来表示发达国家政府对利率的人为抑制。主要包括三个方面：一是公开或隐性的利率上限设置，如美国的 Q 条例；二是通过资本账户管制与对金融业的审慎监管等方式，人为制造国债需求，压低政府债务利率；三是其他金融抑制措施，如直接对银行进行控制，限制金融行业准入以及向某些行业信贷的管制等。它们都有一个共同结果，即导致政府债务利率被人为压低。

1.4 本书的创新点

本书的创新点包括以下四个方面：

第一，研究视角的创新。对主权债务现有研究有几个不足：一是对象以发展中国家为主，对发达国家的研究较少，而目前这一问题正变得重要；二是理论研究较多，实证研究较少；三是美国研究较多，跨国比较研究较少；四是1970年以后的短期研究较多，长时期的研究较少；其中第二、三、四项皆与数据的可得性较差有关；五是系统而明确的关于债务削减问题的研究较少。本书系统地分析了发达国家主权债务的削减问题，包括削减的主要方式、各种削减方式的历史贡献度、选择削减方式的原因，以及具体的政策等。这样的研究有较强的理论和现实意义。

第二，方法创新。本书研究债务削减问题时，不仅从理论上全面阐述，还将债务削减分为明显与不明显，并比较不同削减幅度的特征，然后在此基础上，通过对比分析、计量分析与贡献度分解三种方法，分析和比较其中的差异。这是在相关文献中首次尝试使用该方法。另外，我们对主要结论做了大量稳健性分析，使结论的可信度大大增强。

第三，理论创新。与已有文献不同，本书对债务削减问题的研究考虑了内债与外债的区分。在这个基础上，我们从政府收支恒等式推导出债务削减的方式，然后分析了各方式的削减机制，最后，回答了一国如何在不同削减方式之间权衡取舍和搭配，以寻找成本最小的削减方式及其组合。

第四，得出了有意义的结论。本书在现有框架基础之上，通过实证研究得出了一些有重要意义的结论。包括：名义 GDP 快速增长是债务大幅削减的主要方式，财政盈余贡献大多为负；通胀差异是影响债务削减幅度大小的关键因素，经济增长和财政紧缩差异较小；在债务削减过程中，发达国家普遍出现的是适度通胀而非恶性通胀；通货紧缩对债务削减非常不利，债务削减幅度较小的国家大多陷入了通货紧缩；等等。

第2章 国内外研究综述

主权债务问题的研究与现实息息相关,20世纪80年代有过一段繁荣期,90年代则相对较少,因为这段时期发展中国家逐步摆脱了债务危机。2000年以来,随着俄罗斯、阿根廷等国家发生债务危机,以及目前正在进行中的发达国家主权债务危机,该问题的研究又活跃起来了。

研究从理论与实证两个方面展开。2002年以前,主要集中在理论方面研究,2002年以后,实证文献开始大量出现。

总体来看,理论研究主要集中在四个问题:(1)一国主动削减债务的原因,即偿债动机,大量的文献仍然在回答这一个主权债务存在的最根本性问题;(2)主权债务如何导致经济扭曲与无效率,并怎样通过优化债务结构来达到事后效率与事前激励的问题;(3)债务重组协商机制和债务重组方式的选择;(4)法律与规章变化对主权债务市场行为的影响,如集体行动人条款出现的影响。

实证研究主要集中在以下六个问题:(1)主权国家何时借贷,顺周期还是逆周期;(2)主权国家何时违约,经济处于"好"的时期还是处于"坏"的时期;(3)发展中国家债务违约的解决方式,集体行动条款以及国际货币基金组织(IMF)等扮演了什么角色;(4)主权债务危机的发生时间与决定因素,以及危机预警等;(5)违约造成的各项成本分析,包括违约给债务国以及债权人造成的损失;(6)通货膨胀、财政紧缩等债务削减方式与主权债务之间的关系等。

关于主权债务削减的文献,我们从以下几个方面进行详细阐释。

2.1 偿债动机综述

主权债务与私人债务有两点不同:第一,主权债务几乎没有实物作为抵押;第二,没有一项法律强制国家必须还债。既然如此,为何债权人愿意放贷?主权国家为何愿意还债?

Eaton 和 Gersovitz(1981)首次回答了该问题,他们认为主权债务偿还的主要原因是为了良好的名声以便未来更易借贷。该文认为在满足两个假设条件下,主权国家将偿还债务:第一,一国不能避免产出的波动,而平滑产出波动只能靠借贷;第二,违约将导致一国永远无法进入信贷市场。

许多后续的研究都建立在放松该文的假设基础之上。第一类以 Klezter(1994)等为代表,认为违约并不意味着永远无法进入信贷市场,实际上,由于借贷对双方有利,所以给定违约已经发生,理性选择仍然是继续借贷。由于永久禁入信贷市场假设在现实中明显不成立,所以后续的研究基本放弃了该假说。

第二类研究始于 Bulow 和 Rogoff(1989a),该文认为平滑产出波动不一定要靠举债,还可以靠储蓄。购买保险或者投资到国外就是好的储蓄方式。以保险为例,当一国处于经济增长强劲、财政出现盈余这种"好"的状态时,可以购买保险。这样,如果经济开始步入衰退,即陷入"坏"的状态时,保险公司将给予政府一定的赔偿,使其不用举债也可以渡过难关。保险合约的设计可以多样化,根据不同产出波动程度来购买不同金额的保险,这样只要保险合约设计的足够合理,一国完全可以在经济出现波动时依靠保险来平滑。因此,该文得出结论,除非债权人可以通过政治或法律手段威胁债务人,否则违约总是会发生。

该文影响十分深远,但许多文献认为违约后储蓄是几乎不可能的。Cole 与 Kehoe(1995)构建的模型表明,一国政府违约后还可以安全的将其资产投资于海外是值得怀疑的。Wright(2002)构建的无限期博弈模型表明,违约不会导致永久禁入信贷市场,但结果比永久禁入更坏,因为违约会导致保险合约出现"风险溢价",即使购买保险可以帮助该国平滑产出,但购买保险的成本过高,以至于保险市场无法正常运行。Amador(2003)认为,由于政治原因,执政党进行储蓄是不可能的,因为这将导致其执政权力的丧失。所以储蓄资金的匮乏与平滑产出导致的借贷需求,使得禁入信贷市场的威胁是可信的。Yue(2010),Pitchford 和 Wright(2007),Arellano(2008),Benjamin 和 Wright(2008)等也表明违约后储蓄存在困难。

其他文献关注违约后债务人受到的惩罚。Bulow 与 Rogoff(1989b)认为,低收入国家偿债的主要动机是直接制裁的威胁,工业国债权人可以向其所在国法庭提起上诉,并对立法者施加影响,来影响违约国的贸易、没收其海外资产或者阻止向违约国提供贸易信贷。作者分析了美英等国的相关法律后,认为法律制裁是可行且有效的。Cole 与 Kehoe(1998)认为直接制裁在经验数据中不成立。他们认为政府还债的"名声模型"仍然是适用的,不同的是,以往模型假设政府还债是因为他们会受到未来信贷市场的制裁。而该文认为,政府还债是因为违约会导致政府的坏名声溢出到其他领域,令人对政府保护私有财产与维护合约等方面产生怀疑,从而出现资本外逃等一系列不良经济后果。该文假设有两类政府,"诚实政府"总是还债,"普通政府"有时不还债;而投资者与国内工作者不知道政府的类型,但根据其对待他人的行为来推断政府类型。如果政府对外国投资者违约,则损害了政府在本国工作者中的信誉,这将造成严重后果,以致政府不得不偿还债务。

Sandleris(2005)等认为,违约是个信号,表明这个国家的不良现状与前景,从而影响到私人部门的投资信心,导致外国债权人对本国企业投资减少,国内信贷市场陷入瘫痪,以及企业投资锐减等后果。Mendoza 和 Yue(2008)的模型表明,违约导致了劳动市场的无效率分配与生产率的下降。

总之,主权国家为何偿债是一个非常有意义但难以回答的问题,至今为止仍然存在争议。

2.2 违约成本综述

关于违约成本的理论研究前面已有阐述,本节主要回顾实证研究成果。关于债务国的违约成本实证研究主要有 5 项:信贷市场禁入、利率惩罚、直接制裁、国内经济成本以及政治成本。

第一项成本是信贷市场禁入。大量实证研究表明,违约后一国能很快进入国际资本市场。当然,总存在一国无法进入国际资本市场的时期,特别是债务重组期间。但证据显示,近 30 年来,违约国进入国际市场的速度非常快。Sandleris、Gelos 和 Sahay(2004)研究表明,违约与重组事情结束后,违约国在 20 世纪 80 年代被禁入国际市场的时间平均是 4 年,1990 年以后是 0—2 年。Richmond 和 Dias(2008)用"借贷增量"(net transfer)作为"被禁入"的定义,研究表明,20 世纪 80 年代被禁入时间平均为 5.5 年,90 年代为 4.1 年,近十年为 2.5 年。Arraiz(2006)的证据显示,相比第一次违约的国家,有过多次违约经历的国家被禁入资本市场的时间比较短。作者解释说,有过违约史的国家知道如何更好地管理其债务违约后的相关事宜。

许多学者发现,相比违约史而言,国际借贷环境对一国能否顺利在国际资本市场融资影响更大,比如说,第二次世界大战结束后至 20 世纪 60 年代,几乎没有发展中国家在国际资本市场融资。其中,既包括之前违约过的国家,也包括之前极力避免违约的国家。相反,几乎所有在 20 世纪 80 年代违约过的国家在 90 年代即重返国际资本市场。Richmond 和 Dias(2008)用公司债与美国国债的利差作为外部融资条件的代理变量,表明外部融资条件是一国能否顺利在国际市场融资的最重要影响因素。

第二项成本是直接制裁,包括军事制裁、法律与贸易制裁等。Mitchener 和 Weidenmier(2005)分析了 1870—1914 年期间"超级制裁"(动武与炮舰外交)的案例。他们认为"超级制裁"曾经确实发生过,在某些情况下,埃及、摩洛哥等国还因此丧失了政治独立性。但有人并不认同这一观点,Tomz(2007)声称,炮舰外交的主要原因不是违约,而是其他原因如内战和恐怖主义等。真实情况不得而知,但可以肯定的是,当今世界并不存在因违约导致的超级制裁。法律制裁是指私人部门通过向法庭起诉债务国来收回债务,但通过这种途径收回债务的成功案例实在太少(Panizza,Sturzenegger and Zettelmeyer,2009)。

关注最多的还是贸易制裁。Alejandro(1983)声称,20 世纪 30 年代阿根廷不违约是为保护其同英国的贸易,Rose(2005)用双边贸易数据考察了"巴黎俱乐部"国家的债务重组,发现债务协商期间的贸易大约每年下降8%,这种影响大约持续15年;Borensztein和Panizza(2010)用工业数据表明,违约对一国出口产业有明显负面影响,影响的持续时间大约为3—4年。

违约会影响贸易这个结论基本成立,但原因尚不明确(Panizza,Sturzenegger and Zettelmeyer,2009)。近期研究表明,进出口商在违约后难以获得信贷,这种约束导致了贸易减少。Borensztein和Panizza(2010)检验了该假设,他把贸易信贷变量加入回归模型,发现结果没变化。Artet和Hale(2008)用微观的企业数据,表明违约与私人企业获得外部信贷呈负相关关系,但非出口商比出口商影响更大。因此,违约后贸易为何减少至今仍是一个谜。

第三项成本是利率惩罚。多项研究表明,违约后,借贷利率明显提高,但这种效应是暂时的(Struzenegger and Zettelmeyer,2007,Borensztein and Panizza,2008)。Borensztein和Panizza(2008)以31个新兴市场国家1997—2004年的数据为基础,研究表明,违约后第一年息差(spread)上升400个基点,第二年下降到250个基点,但不显著,第三年则下降为0。Flandreau和Zumer(2004)用1880—1914年间的数据发现,违约后第二年息差大约上升90个基点,但这种影响很快就会消失。

这些研究与一些时间跨度比较长的研究所得到的结论类似。Lindert和Morton(1989),Chowdhry(1991)与Ozler(1993)等表明,19世纪与20世纪初的违约对20世纪70年代的借贷成本没有任何影响。然而,Ozler(1993)发现,在20世纪30年代或者40年代违约的国家,其在70年代支付了更高的利率,息差大约在25—40个基点。Dell'Ariccia,Schnabel和Zettelmeyer(2006)也发现,20世纪80年代的违约经历对一国在90年代的息差产生了影响。

总之,实证研究大多表明,违约对利率的惩罚是存在的,但效应比较短,长期影响非常小。

第四项成本是国内损失。理论研究表明,违约是一个信号,预示着该国经济遇到了麻烦,从而导致资本外流及经济下滑。实证方面的证据也显示,违约常常伴随着一国经济的减速。Sturzenegger(2004)运用1974—1999年间100个国家的数据做了面板回归,研究发现,违约导致一国产出大约减少0.6%,如果违约伴随着银行危机,产出大约减少2.2%。De paoli、Hoggarth和Saporta(2006)发现,产出损失(用实际 GDP 低于潜在 GDP 来衡量)与违约密切相关,随着违约重组时间增加而增加。相反,Levy-Yeyati(2006)发现,违约常常标志着复苏的开始,或许违约意味着无债一身轻。

许多学者研究了违约影响产出的机制与渠道。Borensztein 和 Panizza(2008)发现主权违约增加了银行危机爆发的概率,从而拖累经济增长。Fuentes 和 Saravia(2010)的研究显示,违约导致了一国 FDI 流入量的下降,从而对一国经济产生负面影响。Arteta 和 Hale(2008)认为,外部信贷在违约后会明显减少,使得许多企业由于信贷收缩而减少投资。但作者提到,外部信贷减少的原因不明朗,即不清楚是信贷供给减少还是需求减少。

违约的另一个成本是政治成本。违约可能使政治家丢掉饭碗,对其职业生涯不利。Cooper(1971)与 Frankel(2005)研究表明,货币贬值常常使执政党失去民望,财政部长等官员可能会因此下岗。违约与政治生涯的关系研究较少,但很有意义。

2.3 主权债务削减方式综述

根据政府收支恒等式可得到,债务的削减方式主要有六种:经济增长,财政紧缩,公开违约或重组,通胀、金融抑制与铸币税。以外币标价的债务一般通过前三种方式来削减,而本币债务削减则可选择以上六种方式。对许多发展中国家来讲,央行通常是政府的一部分,缺乏独立性,因此铸币税常常是本币债务削减的重要方式。但发达国家央行普遍具有较强独立性,因此,往往采用其他五种方式削减债务。其中通胀与金融抑制都是隐形税收。

下面我们对不同削减方式与债务削减之间关系的已有研究进行评述。

2.3.1 经济增长与债务削减

通过经济增长削减债务最理想。相对于其他削减方式而言,它基本上没有副作用。历史上经济增长在债务削减中也发挥过重要作用。Hall 和 Sargent（2010）研究表明，1945—2009 年期间，经济增长在美国债务削减中发挥了重要作用。

但经济增长不是政策变量，政府难以自由选择。长期来看，政策是中性的，不会改变经济潜在增速。短期来看，政府可以刺激经济，但高债务时期财政政策空间有限，而衰退期货币政策常常失灵，其他结构政策又面临很大阻力。可见，高债务时期，即使短期刺激政策也变得相当困难。

债务过高可能会拖累经济增速。Reinhart 和 Rogoff（2010a）考察了近 200 年来 44 个国家的情况，发现当一国负债率超过 90％时，经济增速中值会下移 1％，平均增速下降幅度更大，其中发达国家与发展中国家相似。另外，新兴市场国家面临更低的外债阈值，当新兴市场国家外债率超过 60％时，GDP 增速会下降 2％以上。与 Reinhart 和 Rogoff（2010a）不同，Kumar 和 Woo（2010）控制了其他变量对经济增长影响，回归结果发现，债务增长 10％，年人均 GDP 增速平均下滑 0.2％，原因是高债务推升了长期利率，增加了未来的税收扭曲，催生了更高的通胀，提高了宏观经济的不确定性，这些因素都影响了长期的资本形成。Checherita 和 Rother（2010）考察了欧元区 12 国 1970 年至 2010 年情况，发现当负债率达到 90％—100％时，政府债务对 GDP 具有显著负面影响，95％的置信区间显示，负债率在 70％—80％时，这种负面影响就开始显现。

2.3.2 财政紧缩与债务削减

财政紧缩常常在债务削减中扮演重要角色。当一国面临高债务时，财政紧缩往往势在必行，这一方面来自政治压力，另一方面，高债务会导致违约风险激增，从而抬高其再融资成本，这种正反馈很可能导致债务迅速失控，从而迫使政府不得不紧缩财政。另有研究表明，高债务时期财政紧缩反而有利于经济增长。Sutherland（1997）等模型表明，当一国债务非常高时，扩张性财政政策将丧失功能，因为消费者预期到未来被增税的概率非常大，便会压缩其当期开支。此时财政紧缩反而能增强消费者信心，并有利于经济复苏。

实证研究也表明，财政紧缩对于债务削减功不可没。Hall 和 Sargent（2010）

研究表明,财政紧缩对二战后的美国债务削减起了重要作用,其贡献度高于经济增长与通胀。问题是,削减支出与增加税收哪种紧缩方式更有效? Alesina 和 Ardagna(2009)分析了 1970 年至 2007 年,OECD 国家财政紧缩对经济的影响。结果表明,削减支出比增加税收更有利于削减债务,且削减支出比增加税收导致衰退的概率更小。这个结论得到了 IMF(2010)等的佐证。Alesina 和 Perotti (1995)分析表明,紧缩方式是财政紧缩是否成功的关键,成功的紧缩主要来自转移支付与政府雇员及工资削减,不成功的紧缩主要来自增税,但不进行转移支付和政府雇员削减。

财政紧缩是否有效,关键在于其对经济的影响。目前学术界普遍认为削减债务对长期增长是有利的,但对短期增长是否有害却存在争议(IMF,2010)。根据传统的凯恩斯理论,财政紧缩无疑对短期增长有害,但许多研究发现,基于支出削减的财政紧缩具有扩张效应(Giavazzi and Pagano,1990,1996;Alesina and Perotti,1995;Alesina and Ardagna,1998,2009)。

另外,财政紧缩在政治上常常存在障碍。Alesina 和 Drazen(1991)建立的"消耗战"模型表明,不同政党的存在使具体紧缩措施难以达成一致,令财政紧缩总倾向于被推迟,当社会资源分配不均匀时,这种延迟更明显,因为利益集团认为调整的负担将主要落在他们身上。Spolaore(1993)与 Tavares(2004)的实证研究也表明,联合政府比单一政党主导的政府更难以达成紧缩措施。

2.3.3 通货膨胀与债务削减

用通胀来稀释债务的政策有过许多理论探讨。普遍认为,未预期的通胀有助于降低政府债务,因为一次性的未预期通胀会被投资者当成一种"扰动",属于短期现象,不会导致名义利率上升(Calvo and Guidotti,1993)。但也会带来问题,即高通胀政策可能会牺牲政策可信度,从而使一国在抗通胀等方面面临长期压力(Barro and Gordon,1983),而且许多国家发行的指数化债券也限制了政府用通胀来稀释债务的努力(Calvo and Obstfeld,1990)。一些学者怀疑政府通过通胀稀释债务的能力,Spaventa(1986)认为由于投资者的预期,政府通过通胀稀释债务能力在下降,如债务短期化的反应。Blanchard(1985)也表明,通胀稀释债务不再是件容易的事。Krause 和 Moyen(2011)考虑利率内生与通胀预期的 DSGE 模型表明,通过通胀削减债务成本十分高昂。

通胀稀释债务的研究,不仅存在理论分歧,实证结果也常常不一致。 Aizenman 和 Marion(2009)分析了通胀在美国债务削减中扮演的角色,发现在 1946 年以后的十年高债务时期,通胀在美国净债务削减中贡献了 40%,作者同时认为,如果美国经济停滞,过高债务将触发美国年通胀达到 5%。Hall 和 Sargent(2010)认为,通胀远没有那么重要,美国债务从高点(1946 年)到低点(1974 年)过程中,通胀只发挥了 15.8%的作用,低于增长与财政紧缩的贡献。

Sbrancia(2011)认为即使政府为了信誉无法制造通胀,也可以通过适度通胀与金融抑制相结合来稀释债务,作者用二战后 12 个工业化国家近 30 年数据进行了实证分析,发现有一半时间都存在负利率,作者同时发现通胀不必很高,也可获得很好的减债效果,除了阿根廷与意大利以外,偿债年的通胀中值在 10%以下,只比 1930—2010 年的通胀中值高 4%。Donovan 和 Larry(2009)使用 19 个 OECD 国家 1971 年至 2008 年的数据,发现高通胀能够削减政府债务的观点缺乏证据支持,相反政府债务削减更可能发生在低通胀环境下。因为频繁出现的高通胀推高了投资者对通胀中枢的预期,此时投资者除了要求更高的名义利率弥补通胀损失以外,还要求一定的风险溢价,以弥补通胀的不确定性。另外,各国存在不同比例的指数化债券,这种情况下通胀稀释债务变得不可能。

2.3.4 金融抑制与债务削减

金融抑制也是一种有效的债务削减方式。通过设定利率上限等方式压低债务利率,政府可有效减轻其债务负担(Reinhart and Sbrancia,2011)。对于金融抑制在政府债务削减中扮演的角色,有过一些理论探讨。Aizenman 和 Guidotti (1994)通过构建一个两期最优税收模型,阐释了政府如何通过资本管制来降低政府债务的利率。Alesina、Grilli 和 Ferretti(1993)从政治经济学的视角分析了金融抑制的问题,他们构建的模型表明,强政府与弱央行会导致资本管制,从而有利于征收更多铸币税以及保持国债的低利率。Bai、Li 和 Qian 等(2001)构建的框架阐释了金融抑制作为隐形税收的一般原理,他们认为,对于一些发展中国家来说，税收常常是没有效率的，此时采用金融抑制这种隐形税可能更有效。

实证方面也有一些研究。Giovannini 和 De Melo(1993)测量了金融抑制的政府收益，作者用一国对外借贷与对内借贷成本之差来衡量金融抑制税率，对1972—1987 年期间 24 个发展中国家数据进行了分析，发现平均来看，金融抑制的政府收益每年占 GDP 的 1.8%、财政收入的 8.8%；Reinhart 和 Sbrancia(2011)研究了金融抑制在政府债务削减中扮演的角色，认为金融抑制是二战后发达经济体负债率快速下降的关键原因，其中，美国和英国从金融抑制中获得政府收益每年占 GDP 的 3%—4%，意大利与澳大利亚等国则达到 5% 以上。Reinhart、Kirkegaard 和 Sbrancia(2011)列举了金融危机以来各国采取的金融抑制措施，包括英法等发达经济体。

另外，金融抑制作为一种债务削减方式，其效果与通胀水平密切相关，两者常常搭配起来使用。Giovannini 和 De Melo(1993)认为，高通胀会导致本国货币贬值，外部借贷的相对成本上升，从而扩大了金融抑制的政府收益。Reinhart 和Sbrancia(2011)认为金融抑制与适度通胀的搭配是最好的债务削减方式。

2.3.5 违约与债务削减

削减债务最快捷的方式非违约莫属。历史上，外债违约事件频繁发生，如本世纪的阿根廷外债违约就给债权人造成了重大损失(Sturzenegger and Zettelmeyer，2008)。国内债务也时常违约，Reinhart 和 Rogoff(2011)构建了一个长时间序列的国内债务违约史，研究发现，许多以本币标价的债务也发生过违约，如巴西在 1990 年放弃了指数化合约，因为政府发现无法通过通胀来稀释这部分债务。发达国家违约也十分常见，如希腊 19 世纪以来就发生过 5 次违约(Reinhart and Rogoff，2009a)。各国违约长达 800 年的数据来自 Reinhart 和 Rogoff(2009a)，作者发现，高负债常常伴随着高违约概率。关于违约的理论研究也十分丰富，关注的主要话题是政府偿债的动机(Eaton and Gersovitz，1981)，债务危机发生的原因与时间(Manasse et al.，2003)，债务违约的成本(Borensztein and Panizza，2009)，债务重组与协商(Fernandez and Rosenthal，1990)等等，这方面综述性文献有 Panizza 等（2009）等。

由于这五种债务削减方式并非不兼容，因此一国常常同时使用几种不同方式来削减债务，如通胀与金融抑制搭配往往取得良好的效果（Reinhart and Sbrancia，2011）。另外，不同削减方式之间可能相互影响，如财政紧缩会导致短期经济增长不足，从而需要综合考虑不同方式搭配的减债效果。

2.4 主权债务问题国内研究综述

国内对主权债务问题的研究相对较少，关于主权债务削减方面的研究则更少。国内研究主要集中在两个方面：一是对国际上发生的主权债务危机进行解释，包括危机产生的原因、影响等相关问题的介绍；二是对我国外债的安全与管理进行研究。

2.4.1 主权债务危机的起因与影响等问题研究

对主权债务危机的成因及影响等方面的研究比较多，主要是描述性的定性分析，在国内有影响力的期刊发表论文极少。

早期的研究分析了拉美等发展中国家债务危机的原因及其影响。戴月明（1993）分析了拉美债务危机的原因与出路，江时学（2002）分析了阿根廷债务危机根源与启示，相关文献有：陈彪如（1984）、唐宇华（1990）、李则兆（1990）、马君潞（1991）、王小琪（1992）、戴建中（1999）和黄静茹（2004）等。

2010 年以来，许多国内研究开始分析欧债危机的相关问题。李稻葵和张双长（2010）分析了欧债危机的本质，对目前救助方案进行了分析，并对未来前景进行了预判，提出了我国的相应对策。相关文献还包括：余永定（2010），徐明棋（2010），刘元春和蔡彤娟（2010），贺力平（2010），李东荣（2010），周茂荣和杨继梅（2010），陈志昂、朱秋琪和胡贤龙（2011），何帆（2010），尹振涛（2010），郑宝银和林发勤（2010），蔡彤娟和黄瑞刚（2010），张茉楠（2010），熊厚（2011），谢世清（2011），刘迎霜（2011）和王天龙（2011）等。另外有些文献分析了美国、日本等其他发达国家的债务危机问题，如何帆（2010），郭春松（2011）和李石凯（2011）等。

2.4.2　我国外债风险、规模与管理等问题研究

关于我国外债的研究文献非常丰富，已有多篇文章在国内具有影响力的期刊发表。这些文章主要集中在外债的风险、预测与管理等方面，讨论的高峰期在20世纪80年代拉美债务危机期间以及2000年左右俄罗斯与阿根廷债务危机发生之后。

一是外债风险方面的研究。孙敬水（2001）从外债规模、外债结构与外债清偿能力等方面对我国外债风险进行了实证分析，林伯强（2002）使用多元累计和模型来对我国的外债风险进行预警和对中国金融安全状况进行评估。相关研究还有：杨恩群（1998）、赵全厚（1999）、王振富（2001）、章辉（2004）、邹欣（2005）、王培志（2006）、孙玲芳（2006）和王晓雷（2007）等。

二是外债合理规模的研究。杨炘（2001）用神经网络方法预测了我国外债的适度规模，刘星（2003）分析了我国区域性外债规模的情况，提出了我国外债的监控与管理的对策建议。相关文献还有：陈建青（1990）、兰发钦（1993）、杨大楷（1993）、余天心（1997）和杨恩群（1998）等。

三是外债结构的研究。杨炘（2002）分析了我国外债的最优币种结构，金洪飞（2003）分析了外债的期限结构与货币危机的关系。相关文献还有：贝多广（1990）、卢新德（1990）、阎衍（1992）、孙晓兰（1992）和杨恩群（1998）等。

三是我国外债管理的研究。李壮飞（1986）分析了发展中国家的外债管理及其对我的启示，李华（2002）分析了我国外债管理系统的有效模式问题。相关文献还有毛卫民（1991）、王进（1991）、李和国（1992）、黄中发（1992）、姚遂（1997）、向炎珍（2001）、郑航滨（2003）和窦智海（2007）等。

除以上三个方面外，其他方面的研究包括我国外债发行现状（李晓宇，1998），我国外债的影响因素（耿超，2010），外债与经济增长的关系（姚长辉，1994），我国隐形外债的形式（王旭祥，2006），外债的偿付能力（石柱鲜，1993）等。

2.5　研究述评

已有研究各自从不同侧面对债务削减问题进行研究,但跨国的长周期研究比较少,重要原因是长序列负债率数据的可获得性较差。Reinhart 和 Rogoff(2010b)建立的长达 800 年的债务数据库使本文研究成为可能。但本书的研究与他们有所不同。

(1) 他们研究的主题比较多,包括债务危机与银行危机的关系(Reinhart and Rogoff,2008b),800 年的违约史(Reinhart and Rogoff,2008a),金融危机与债务积累的关系(Reinhart and Rogoff,2009b)等。与本书主题相关的方面,他们专注于负债率与经济增长、违约和通胀等指标的直接对比,通过将各样本点的负债率数据与经济增长、违约和通胀等数据画在一个图上,他们得出高债务导致高通胀、高违约概率与低增长等结论(Reinhart and Rogoff,2010a,2010b,2012)。而本书则偏重于对债务削减的考察,试图寻找影响债务削减幅度大小的因素,得出的结论包括:(1)通胀差异是影响债务削减幅度大小的关键因素,通货紧缩对债务削减非常不利,减债幅度较小的国家大多陷入了通缩等;

(2) Reinhart 和 Sbrancia(2011)也研究了债务削减的话题,他们考察了金融抑制在政府债务清偿中的角色,而本书则是对各种削减方式的综合考察,侧重点是通胀、经济增长和财政紧缩等;

(3) 他们对债务的考察涵盖了发达国家与发展中国家,以及私人债务等,本书则主要聚焦于发达国家政府债务问题的研究。

2.6　本章小结

本章对主权债务削减方式问题的已有研究进行了评述。(1)对与债务削减密切相关的两个重要理论问题进行了述评,即偿债动机和违约成本。已有文献在这方面进行了许多研究，了解这两个问题对理解债务削减方式有重要意义。（2）我们对不同方式与债务削减关系的研究进行了评述，这是本书的研究重点。这些方式包括经济增长与债务削减、财政紧缩与债务削减、通货膨胀与债务削减、金融抑制与债务削减、违约与债务削减。（3）对国内有关债务问题的研究进行了简要回顾。在总结这些文献的基础上，提出了本书的研究思路和创新之处。

第 3 章 理论分析

为理解发达国家主权债务削减的方式及其特征,需要从理论上加以分析。在本章中,首先,通过政府收支恒等式推导出债务削减的可选方式。其次,对不同削减方式的削减机制进行了阐述。再次,回答了一国如何在不同削减方式之间权衡取舍和搭配,以寻找成本最小的削减方式及其组合。最后,分析了影响债务削减的因素,并构建了理解债务削减方式贡献度的理论框架。

3.1 政府收支恒等式与债务削减方式

一般来说,债务的减少以负债率下降来衡量,即债务余额与名义 GDP 比值的减少,而非债务绝对值的变化。为了弄清影响债务削减的可选方式,先看一个政府收支恒等式。

$$G_t + i_t B_{t-1} = T_t + (B_t - B_{t-1}) + S_t \tag{3.1}$$

其中,G_t 表示 t 时期政府基本支出(即非利息支出),i_t 为 t 时期债务的名义利率,B_t 表示 t 时期名义债务余额,T_t 表示 t 时期政府税收,S_t 表示 t 时期的铸币税。简单来说,等式(3.1)左边为政府支出,分为基本支出与利息支出;右边为

政府收入来源,包括税收、发债与铸币税。这是一个恒等式。变换形式,可得

$$B_t = (G_t - T_t) + (1 + i_t)B_{t-1} - S_t \qquad (3.2)$$

两边同时除以名义 GDP(用 Y_t 表示),并用 b_t 表示 t 时期负债率,可得

$$b_t = \frac{(G_t - T_t) + (1 + i_t)B_{t-1} - S_t}{Y_t} \qquad (3.3)$$

进一步变换可得

$$b_t = \frac{DEF_t + (1 + i_t)B_{t-1} - S_t}{Y_{t-1}(1 + g_t)(1 + \pi_t)} \qquad (3.4)$$

其中,DEF_t 为 t 时期的基本赤字,等于 $(G_t - T_t)$,g_t 与 π_t 分别表示 t 时期的实际 GDP 增速与通货膨胀率,该式表明,要降低 t 期负债率,可以有以下方式。

(1) 财政紧缩,即降低 DEF_t,可以通过增加税收、削减支出,或者两者同时进行;

(2) 金融抑制,即压低债务名义利率 i_t,如通过设置利率上限和资本账户管制等措施压低国债利率;

(3) 公开违约,即通过债务减免来降低名义债务,方式有自愿减记、债务重组或者违约等,通常外债减免较常见;有人把通胀也视为一种违约,但我们在本书中将违约与通胀区别开来,违约指公开违约,即对名义债务或者利息的减免;

(4) 铸币税,即增加 S_t,指央行直接发行货币为政府赤字融资;

(5) 经济增长,即增加 g_t,使分母变大。另外,经济增长还可降低赤字,使分子变小,因而经济增长能从两方面降低债务;

(6) 通货膨胀,即增加 π_t,使分母变大。但应注意,通胀上升会引起利率和汇率的变动。通胀会导致一国货币对外贬值,使分子变大,因此看待通胀贡献时需要知道外债比重。另外,通胀上升也会推高名义利率,使分子变大,指数债券比例越高,通胀对债务利率影响越大。

对发达国家而言,央行有较强独立性,直接征收铸币税的情形目前来看并不常见。因此,发达国家普遍采用另外五种债务削减方式:经济增长、财政紧缩、通货膨胀、金融抑制与公开违约。

3.2 不同方式的削减机制

3.2.1 通胀削减债务的机制

不考虑铸币税时,式(3.4)可变换为

$$b_t = \frac{DEF_t + (1 + i_t)B_{t-1}}{Y_{t-1}(1 + g_t)(1 + \pi_t)} \tag{3.5}$$

其中,B_{t-1} 可以分为内债与外债[①],用公式表示为 $B_{t-1} = B_{t-1}^d + B_{t-1}^f / e_t$,其中 B_{t-1}^d 为 $t-1$ 期以本币表示的内债余额,B_{t-1}^f / e_t 为 $t-1$ 期以本币表示的外债余额,由两部分构成:B_{t-1}^f 为 $t-1$ 期以外币表示的外债余额,e_t 为 t 期间接标价法下名义汇率。此处 e_t 用 t 期而非 $t-1$ 期,主要因为,t 期汇率变动导致 $t-1$ 期名义债务余额发生变化,而我们是站在 t 期视角来观察 $t-1$ 期债务余额。

进一步细化式(3.5)可得

$$b_t = \frac{DEF_t + (1 + i_t)(B_{t-1}^d + B_{t-1}^f / e_t)}{Y_{t-1}(1 + g_t)(1 + \pi_t)} \tag{3.6}$$

可以发现,如果其他几个变量不变,则通胀 π_t 增加,负债率 b_t 下降。可见,通胀削减债务的机制,是通胀增加使分母名义 GDP 变大,在 t 期名义债务余额不变的情况下,债务的相对值减少了。

但是,假设通胀变化时其他变量不变,是不合理的。短期来看,温和通胀会刺激经济增长,并导致财政状况改善,但恶性通胀对经济增长不利。另外,通胀对利率和汇率有显著影响,通胀上升通常会导致利率上升和货币对外贬值。从中期来看,通胀通常由货币变化引起,而货币是中性的。所以,假设通胀 π_t 的变化不影响经济增速 g_t 和基本赤字 DEF_t 是合理的,但 π_t 的变化会影响利率 i_t 与

---

① 内债与外债分别表示本币定价债务与外币定价债务。内债与外债还有一种区分方法,就是从债权人角度出发,如果是国内投资者持有就称为内债,如果为外国投资者持有就称为外债,但本文不打算这样分,因为这与本文要分析的问题关系不大。

汇率 e_t。一般来说，通胀上升时，利率会上升，汇率会下降或者贬值。

所以通胀稀释债务的程度，主要取决于通胀影响名义利率 i_t 与汇率 e_t 的程度，以及外币定价债务占总债务的比重。

通胀与名义利率关系的研究比较多，其中，费雪效应认为通胀率与名义利率有一一对应关系，但现实情况并非如此。如果是指数化债券，则通胀上升会引起名义利率等量上升。对于非指数化债券，一般认为预期到的通胀会导致名义利率等量上升，未预期到的通胀不会引起名义利率上升（Calvo and Guidotti，1993）。因此，未预期的通胀是削减债务的重要方式。当然也应注意到，未预期通胀频繁发生会提高债务的风险溢价，抬高中期利率，这样对债务削减反而不利。

一般认为，通胀只能稀释国内债务，无法对外债产生作用。因为通胀上升引起的汇率贬值会增加名义债务余额，即增加了负债率变量的分子。另外，通胀会促进名义 GDP 增长，即增加了负债率变量的分母。分子分母同时增加可能导致负债率不变。但我们认为，存在外债时，通胀同样可以发挥作用：第一，购买力平价常常不成立，即一国通胀上升不会导致相应比例的本币贬值；第二，即使购买力平价成立，且一国债务全部是外债时，通胀上升也不会导致等量的汇率下跌，因为参照国通胀水平可能也在上升。只要两国相对通胀水平不变，则汇率也不会发生变化。因此，通胀对外债也会产生某种程度的影响。

外债的比例很重要。因为如果外债 B^f_{t-1} 为零，则 B^f_{t-1}/e_t 也为零，这时，通胀对汇率的影响就不重要了。但如果本币定价债务 B^d_{t-1} 为零，则通胀通过汇率渠道的影响就要大得多。

可见，通胀削减债务的机制很复杂，没有一一对应关系。但总体来看，未预期通胀有利于债务削减，外债比例越小，通胀的作用越大。

通胀的形成也有很多原因，石油危机导致的通胀上升是被动结果，而央行为了解决债务问题而催生的通胀则是主动为之。作为一个债务削减方式，通胀具有较大的灵活性，而且空间也很大，政府可以做出主动选择。

3.2.2　金融抑制的削减机制

回顾式(3.5),可以发现,在其他变量不变的情况下,降低债务利率 i_t 也可以使负债率下降,这种人为降低债务利率的方式称为金融抑制(Reinhart and Sbrancia,2011),既然是人为压低债务利率的方式,因此也是一种主动债务削减方式。金融抑制有四种方式。

(1)公开或者隐性的利率上限设置。如美国的 Q 条例,以及中国对商业银行利率的直接控制等。

(2)通过资本账户管制与对金融业的审慎监管等方式,人为制造政府国债的需求,从而压低政府债务利率。当一国限制资本账户开放时,国内资金配置到海外资产的比重将下降,配置到国内资产(包括国债)的比重会上升,从而会压低债务利率。另外,审慎监管要求金融机构必须持有一定比例的国债等,也属于金融抑制。

(3)央行量化宽松,直接购买国债,支持国债价格。

(4)其他金融抑制措施,如限制金融行业准入,以及向某些行业信贷的管制等。它们都有一个共同结果,即导致政府债务利率被人为压低。

金融抑制对债务削减有双重作用:一是直接减轻了债务负担;二是引致的通胀稀释了债务。因为金融抑制会导致利率低于自由市场均衡利率,这样便会推高通胀水平。

金融抑制对其他变量的影响是不太明确的,对经济增长和财政收支状况没有明显的方向性影响。另外,金融抑制对汇率会产生影响,因为金融抑制使得利率偏低,资本流出会导致货币贬值。

3.2.3　违约的削减机制

债务违约可以在短期内立即削减债务,发生债务危机的国家一般很难避免违约。由于其影响颇大,所以关于违约方式的研究比较多。

债务违约方式有许多,常见的有:新旧债务置换、债务展期、债务减记、利息违约与债券回购等。新旧债务置换指用新发行的债务置换已有债务,一般新发行的债务的金额、利息低于已有债务,期限长于已有债务;债务展期是将债务的期限延长,缓解债务人的短期压力;债务减记,指债务余额的直接减免,分为自愿减记与强制减记;利息违约指本金不受任何损失,只减免债务利息,或者对债务利息进行重组等;债券回购,指一国将其发行在外的可流通债券,从市场上购回然后注销。

国际评级机构将其视为违约,因为这虽然不是直接针对投资者违约,但因一国发生债务危机时,其债券的市场价格常常会大幅下跌,导致回购债券的市场价格大幅低于债券账面价格,因此相当于一种变相违约,损失者是债券的原持有人。

债务违约的同时,一国往往还需接受国际援助。因为一国债务违约时期,财政常常存在缺口,而违约使该国无法在资本市场上正常融资,其缺口只能依靠援助来弥补。

违约会通过经济增长等途径影响债务。许多研究表明,违约代价高昂,对经济增长不利。历史上,一些国家出现持续多次违约的情况,原因就在于债务减免之后,经济增长常常低于预期,使得债务恶化程度超预期。违约还会导致资本外逃与货币贬值,进而推高通胀,这是违约影响债务削减的另一路径。另外,违约会导致一国在未来融资时承受利率惩罚。

违约大多是被动行为。通常来讲,一国对债务削减方式的选择会依照这样的顺序:先采用经济增长和财政紧缩这两种削减方式,如果面临很大阻力,便会采用通胀和金融抑制来削减债务;如果还是不行,才会违约。前面我们分析过,由于违约代价高昂,一国常常在迫不得已的情况下选择债务违约。例如,当国际借贷环境突然恶化,信贷市场冻结,有贸易赤字和外债的国家可能不得不违约。当然,也有些国家主动违约,因为通胀有时比其他削减方式的成本更高。

尽管违约大多是被动行为,但违约方式选择一般是主动的。许多国家在债务违约后坚持还清所有债务,另一些国家则对债务进行大量减免。由于是一种主动行为,因此,违约后存在许多债务协商机制,例如,集体行动条款等。

3.2.4 经济增长的削减机制

与前三种方式不同,经济增长与财政紧缩是债务削减的"正道",因为前三种方式都会直接或间接导致债权人利益受损。

经济增长有利于削减债务,主要通过两个渠道:经济增长使名义 GDP 变大,在债务余额不变时,负债率便会下降;更快的经济增长会增加税收,降低政府支出,从而有利于财政改善。

经济增长还可通过影响其他变量来削减债务。短期来看,经济加速会增加通胀压力,另外,经济增长会增加资金需求,在货币供给不变时,会导致利率上升。但总体来看,这两种影响渠道对中期债务削减影响不大。

经济增长作为一种债务削减方式,更多的处于一种"被动"地位。因为政府主动刺激经济增长的空间不大。长期来看,政策是中性的,不会改变经济潜在增速。短期来看,政府可以刺激经济,但高债务时期财政政策空间有限,衰退期货币政策常常失灵,而其他结构政策又面临很大阻力。可见,高债务时期,即使短期刺激政策也变得相当困难。

3.2.5 财政紧缩的削减机制

财政紧缩对债务削减既有直接影响,也有间接影响。首先,财政紧缩对债务削减有直接作用,增加税收,减少支出,则财政状况会改善,债务得以削减。

其次,财政紧缩会影响经济增长。一些观点认为,当一国债务过高时,财政紧缩能增强消费者信心,并有利于经济复苏。但大多数人似乎持相反的观点,他们认为财政紧缩会导致政府支出下降或税收增加,并通过乘数效应对国民收入产生影响,这样反而不利于债务削减,就如同目前的希腊一样,其严厉的财政紧缩导致经济陷入衰退,恶化了债务。然而,由于债务削减的时间跨度一般指中期,这样,财政紧缩对经济增长的影响可能偏正面。

再次,财政紧缩还会影响利率和通胀,进而影响债务削减。可信的财政紧缩计划会降低债务利率,因为它降低了债务的风险溢价;财政紧缩会降低投资者对政府债务货币化的担忧,进而降低了通胀预期和实际通胀水平。

综合来看,财政紧缩对债务削减有积极影响,是一种主动的削减方式。但从政治角度来看,财政紧缩又很困难。因为发达国家财政有严重的非对称性,即扩张容易紧缩难。财政扩张过程中大部分人获益,财政紧缩则会导致许多人的当期利益受损。这或许可以解释一个问题,即发达国家为何需要通胀来解决债务。因为正常还债手段受阻,唯有依靠通胀来还债,而货币的另外一个特点为此提供了便利,即货币政策也是宽松容易紧缩难。

3.3 债务削减方式的搭配

上两节分析了债务削减方式及削减机制,但实际中,一国常常同时使用几种方式来削减债务,所以下面分析债务削减方式的搭配问题,研究政府如何在不同削减方式中权衡取舍,在实现债务削减时付出最小代价。

根据负债率的公式,可以将其变化简化为由两个因素驱动,即总赤字率和名义 GDP 增速。这两个因素如何搭配,才能使负债率持续下降,我们可以通过变换式(3.5)得到答案。

变换式(3.5)可得

$$b_t = \frac{GDEF_t}{Y_t} + \frac{B_{t-1}}{Y_{t-1}(1+g_t)(1+\pi_t)} = gdef_t + b_{t-1}\frac{1}{1+Y_t} \qquad (3.7)$$

其中,$GDEF_t$ 表示 t 期的总赤字,为基本赤字和债务利息之和。$gdef_t$ 表示 t 期的总赤字率,为总赤字与名义 GDP 之比,Y_t 表示 t 期的名义 GDP 增速。

由于 b_{t-1} 在 t 期是给定的,所以,要使负债率 b_t 下降,只需赤字率 $gdef_t$ 为零,同时名义 GDP 增速 Y_t 为正。

这表明,要使一国负债率在较长一段时期内下降,只需该国在此期间预算平衡和名义 GDP 增速为正即可。年度预算平衡是古典经济学家的重要财政理念,由于一国在长期内实现正的名义增长并不难,因而在他们的框架内,只要一国保持年度预算平衡,那么债务将不再是问题。

如果要让债务更快下降,那么促进名义 GDP 的快速增长便是理想方式,依靠财政紧缩,在实际中会存在困难,必要性也不是特别大。

如果一国名义 GDP 增速为负,怎么办?名义 GDP 增速为负,要么因为经济陷入长期衰退,要么陷入长期通货紧缩。在这种情况下,一国将很难保持债务稳定。最近 20 年的日本即是这样,该国政府债务不断攀升,并非完全因财政扩张所致,经济低迷和通货紧缩导致的名义 GDP 增速过低才是关键。

我们还可将债务削减因素进一步细化。总赤字率可分解为基本赤字率和债务利率,名义 GDP 增速可分解为实际 GDP 增速和通货膨胀。如果同时考虑这些因素,如何搭配可以保证负债率持续下降,可从通过变换式(3.5)得到答案。

式(3.5)可变换为

$$b_t = def_t + \frac{(1+i_t)B_{t-1}}{Y_{t-1}(1+g_t)(1+\pi_t)} \tag{3.8}$$

由于 $\dfrac{(1+i_t)}{(1+g_t)(1+\pi_t)} \approx (1+i_t-g_t-\pi_t)$,因而

$$b_t = def_t + (1+i_t-g_t-\pi_t)b_{t-1} \tag{3.9}$$

该式表明,如果基本赤字率 def_t 为零,则只需 $(i_t-g_t-\pi_t)$ 小于零,即可保证负债率 b_t 下降。

这意味着在基本财政保持平衡时,只要名义 GDP 增速高于债务利率,一国便可实现债务持续下降。这也是普遍认同的财政可持续标准,即如果一国实际 GDP 增速高于债务实际利率,则认为该国债务可持续。否则,认为不可持续。

中期来看,发达国家能维持基本财政平衡已经不易,不能指望财政紧缩发挥更多作用,因此,债务削减幅度将主要取决于 $(i_t-g_t-\pi_t)$ 的大小。这三个变量中,实际 GDP 增速中期内等于潜在增速,政府难以左右。因此,在 $g_t=\bar{g}$ 时,$(i_t-\pi_t)$ 水平对债务削减具有决定性影响,即实际利率。

政府可以通过三种方式影响债务实际利率:一是高通胀政策;二是低利率政策;三是高通胀与低利率政策。

一般来讲,在自由市场上,预期内的通胀水平会导致名义利率等量上升,但未预期的一次性通胀会被投资者当成一种"扰动",属于短期现象,不会导致名义利率上升。因而,未预期的一次性通胀有利于削减债务。

政府还可以给利率市场注入"沙子",这种方式被称为金融抑制。即通过设定利率上限等方式压低债务利率。如果能够在高通胀政策时采取金融抑制来维持利率不随通胀上升,这样对债务削减而言有显著意义。金融抑制与通胀组合

起来使用,在债务削减中效果最佳。从某种程度上来说,这两种削减方式是一个硬币的两面,均主要产生于宽松的货币政策。因此,要实现有效的债务削减,宽松货币政策无疑是一个重要选项。

简言之,对发达国家而言,在常见的四种债务削减方式中,财政紧缩存在扩张容易收缩难的问题,实际GDP增速在中期内等于其潜在增速,政府难以左右,实际利率大小便成了债务削减的决定性因素。而降低实际利率无非是提高通货膨胀率和降低利率,因此,削减债务的有效方式一方面是未预期的通胀,另一方面是通胀和金融抑制的搭配。

3.4 影响债务削减方式选择的因素

3.4.1 外国投资者持有比例

影响政府债务削减的第一个因素是外国投资者持有比例。有些国家政府债券的投资者大多来自国内,如日本和意大利;另一些国家的政府债券投资者许多来自国外,如美国和希腊。这样会导致两个差异:一是可承受的债务水平不同,因为债务被本国投资者持有,有利于债务稳定;二是转嫁债务意愿和能力不同,一些人认为,外国人持有的债券比例越高,政府通过公开或隐形违约的意愿越大,另一种观点认为,由于一些国家比较关注其国际形象,因此更倾向于偿还外债。

3.4.2 指数化债券比例

指数化债券的比重是另一个影响债务削减的因素。指数化债券指一国发行国债的名义利率与当年通货膨胀挂钩,由于它限制了政府采用通胀稀释债务的能力,因而可降低投资者的通胀预期。鉴于债务名义利率与通胀挂钩,通胀对指数化债务的削减无能为力,金融抑制、财政紧缩与经济增长将是主要的削减方式。另外,一国指数化债券比例越高,违约概率越大,因为政府的债务削减方式变少了。

3.4.3 本币计价比例

主权债务可以分为以本币定价债务和以外币定价债务。发达国家政府对外发行的债务大多以本币定价,如美国。因为发达国家货币通常是国际货币,拥有较高信誉。而发展中国家对外债务则主要以外币定价,如阿根廷等。

外币定价的债务比例越高,债务违约概率越大。由于外币定价债务与一国的清偿能力与创造外汇能力有关,当经济转差或者信贷市场环境恶化时,许多发展中国家常常无力偿还外债,进而陷入债务危机。所以以外币定价的债务更容易发生违约。

外币定价债务比例越高,通过通胀削减债务的能力越低。因为一国发生通胀,其名义 GDP 会增加,这似乎有利于削减债务,但通胀发生时,该国汇率常常也会相应贬值,这样外币定价债务折算成本币的数额会增加,结果是负债率变化不大。

3.4.4 央行独立性

中央银行的独立性,会影响政府通过通胀与金融抑制的方式削减债务的能力。央行独立性越强,则该国货币政策的目标越单一,中期通胀和金融抑制水平常常也比较低。因为政府实施高通胀与金融抑制政策,都有其特定目的,包括刺激经济增长或降低债务负担等。央行越独立,政府从央行融资的可能性就越低,这样在债务削减的方式选择中,财政紧缩与违约将是最重要的两个选项。

3.4.5 战争

战争对债务的变化有重要影响。战争期间,由于军费的巨大增长,一国将不仅仅依靠增加税收来筹资,债务融资也是重要选择,纵观各国实际经验,战争时期,债务都会大幅增长。随着战争结束,军费开支会骤减,由于债务依然高企,税收削减的幅度往往有限,这样就容易出现财政盈余。因此,战争结束后财政盈余会在债务削减中扮演一定角色。另外,战争结束以后,战败国容易发生违约和高通胀,而战胜国由于经济遭到战争重创,重建过程往往会迎来一段经济较快增长期,这样有利于债务削减。

3.4.6　政治因素

影响债务削减的政治因素很有多,包括政党的政治理念、政党任期等因素。

不同政党的执政理念有较大差别。以欧元区国家为例:德国、荷兰等国,一贯以稳健著称,坚持财政纪律;而希腊、葡萄牙等国,则常年高赤字。坚守财政纪律的国家中期通胀水平往往低于高赤字国家,违约概率也较低,而高赤字国家则相反。有些国家政党坚持小政府与大市场,例如,美国的共和党,而另一些政党则主张适度增加政府干预,如美国的民主党,结果是共和党在财政方面更倾向于遵守纪律。

发达国家存在民粹主义倾向,各政党争相讨好选民,使得财政扩张容易收缩难,这样财政紧缩将变得困难,削减债务将不可不依靠其他方式。

政治因素还会影响一国的偿债意愿。有些大国更加注重国际形象,以便维持其政治影响力,即使在危机后也坚持偿还债务,如俄罗斯在 1998 年债务危机后,坚持偿还所欠债务,而另一些国家政治影响力的重要性可能要低一些,如阿根廷在 2001 年债务危机后对政府债务进行了大量减免。

3.4.7　经济周期阶段

由于经济存在周期性波动,因而经济形势不同,债务削减方式的选择也不同。

在经济繁荣时期,经济增速上升,财政状况改善。因而,这段时期经济增长与财政紧缩是债务削减的重要方式。经济繁荣时,通胀与利率通常会上升,债务违约概率会下降。

在经济衰退时期,政府债务一般会增加,一是由于税收收入的减少,二是因为需要救助的对象增加,包括失业者以及大而不能倒的银行等。此时有利于债务削减的因素和繁荣时期有所不同。由于经济低迷,财政状况恶化,经济增长与财政紧缩就难以发挥作用,债务削减将更多依靠金融抑制、通货膨胀和违约。因为在衰退时期,政府往往采取扩张性货币政策,这会压低利率并推高通胀。经济衰退时,债务违约的概率也会显著上升,20 世纪 30 年代大萧条时期,发达国家集体陷入违约即说明了这一点。

3.5 理解债务削减方式贡献度的理论框架

在一次债务削减中,经济增长、财政紧缩与通货膨胀等方式各自的贡献有多大,为了回答该问题,我们可以参照 Hall 和 Sargent(2010)的方法,对各方式在债务削减中的贡献度进行分解。但两位作者没有考虑内债和外债的区别,本文则对内债与外债加以区分,呈现一个更加完整的理解债务削减方式贡献度的理论框架。

假设不存在铸币税,即 $S_t=0$[1],此时,式(3.6)变换为

$$b_t=\frac{DEF_t+(1+i_t)\left[(1-\alpha_{t-1}^f)+\alpha_{t-1}^f(1+\varepsilon_t)\right]B'_{t-1}}{Y_{t-1}(1+g_t)(1+\pi_t)} \tag{3.10}$$

其中,α_{t-1}^f 表示外债比例,ε_t 表示货币的贬值率,B'_{t-1} 为 $t-1$ 期名义债务余额[2]。并用 def_t 表示基本赤字率,变换形式得

$$b_t=def_t+\frac{(1+i_t)}{(1+g_t)(1+\pi_t)}(1+\varepsilon_t\alpha_{t-1}^f)b_{t-1} \tag{3.11}$$

由于 $\frac{(1+i_t)}{(1+g_t)(1+\pi_t)}\approx(1+i_t-g_t-\pi_t)$,因而

$$b_t=def_t+(1+i_t-g_t-\pi_t)(1+\varepsilon_t\alpha_{t-1}^f)b_{t-1} \tag{3.12}$$

$$b_t=def_t+(1+\varepsilon_t\alpha_{t-1}^f)b_{t-1}+(i_t-g_t-\pi_t)(1+\varepsilon_t\alpha_{t-1}^f)b_{t-1} \tag{3.13}$$

继续变换可得

---

[1] 本书研究的是发达国家债务问题,它们通常不会用铸币税来筹资,因此我们假设不存在铸币税,这与 Hall 和 Sargent(2010)的处理方式相同。

[2] B'_{t-1} 与前面的 B_{t-1} 有所不同,前者表示不考虑当期汇率波动的 $t-1$ 期债务,而后者则考虑了当期汇率的波动,用公式表示为:$B_{t-1}=B_{t-1}^d+B_{t-1}^f/e_t$,$B'_{t-1}=B_{t-1}^d+B_{t-1}^f/e_{t-1}$。另外,$1+\varepsilon_t\approx e_{t-1}/e_t$。

$$b_t - b_{t-1} = def_t + [(i_t - g_t - \pi_t) + \varepsilon_t \alpha_{t-1}^f + (i_t - g_t - \pi_t)\varepsilon_t \alpha_{t-1}^f]b_{t-1}$$

$$(3.14)$$

对上式进行迭代，则

$$b_t - b_{t-1} = def_t + [(i_t - g_t - \pi_t) + \varepsilon_t \alpha_{t-1}^f + (i_t - g_t - \pi_t)\varepsilon_t \alpha_{t-1}^f]b_{t-1}$$

$$b_{t-1} - b_{t-2} = def_{t-1} + [(i_{t-1} - g_{t-1} - \pi_{t-1}) + \varepsilon_{t-1}\alpha_{t-2}^f +$$

$$(i_{t-1} - g_{t-1} - \pi_{t-1})\varepsilon_{t-1}\alpha_{t-2}^f]b_{t-2}$$

$$\cdots\cdots$$

$$b_{t-\tau+1} - b_{t-\tau} = def_{t-\tau+1} + [(i_{t-\tau+1} - g_{t-\tau+1} - \pi_{t-\tau+1}) + \varepsilon_{t-\tau+1}\alpha_{t-\tau}^f +$$

$$(i_{t-\tau+1} - g_{t-\tau+1} - \pi_{t-\tau+1})\varepsilon_{t-\tau+1}\alpha_{t-\tau}^f]b_{t-\tau}$$

合并以上式子，可得

$$b_t - b_{t-\tau} = \sum_{k=0}^{\tau-1}\{def_{t-k} + [(i_{t-k} - g_{t-k} - \pi_{t-k}) + \varepsilon_{t-k}\alpha_{t-k-1}^f +$$

$$(i_{t-k} - g_{t-k} - \pi_{t-k})\varepsilon_{t-k}\alpha_{t-k-1}^f]b_{t-k-1}\}$$

$$(3.15)$$

上式即可得到主要变量在债务削减中的贡献度。如果不考虑变量间的相互影响，以及不存在违约，则

（a）基本赤字贡献度为 $\sum\limits_{k=0}^{\tau-1} def_{t-k}$；

（b）利率贡献度为 $\sum\limits_{k=0}^{\tau-1} i_{t-k}b_{t-k-1}$；

（c）经济增长贡献度为 $\sum\limits_{k=0}^{\tau-1}(-g_{t-k})b_{t-k-1}$；

（d）通货膨胀贡献度为 $\sum\limits_{k=0}^{\tau-1}(-\pi_{t-k})b_{t-k-1}$；

（e）汇率贡献度为 $\sum\limits_{k=0}^{\tau-1}\varepsilon_{t-k}\alpha_{t-k-1}^f b_{t-k-1}$；

（f）$\sum\limits_{k=0}^{\tau-1}(i_{t-k} - g_{t-k} - \pi_{t-k})\varepsilon_{t-k}\alpha_{t-k-1}^f b_{t-k-1}$ 为利率、通胀、经济增长和汇率间交互项贡献[1]。

可以发现，基本赤字贡献度不受其他变量影响，只与每期的基本赤字率有

---

[1] 值得注意的是，由于书中使用了一个近似表达 $\dfrac{(1+i_t)}{(1+g_t)(1+\pi_t)} \approx (1+i_t - g_t - \pi_t)$，可见，经济增长与通胀，利率之间也存在交互影响。因此，可将几个变量贡献度的剩余部分统称为交互项贡献度。

关；如果不考虑交互项影响，利率、经济增长、通货膨胀只与自身各期数值以及滞后一期的负债率有关[①]。如果外债比例为零（$\alpha_{t-1}^f = 0$），或者汇率不变（$\varepsilon_t = 0$），则汇率贡献度为零，外债比例越高，或者货币贬值幅度越大，则汇率贡献度越大。

不考虑通胀对汇率影响时，通胀在债务削减中的贡献度为 $\sum_{k=0}^{\tau-1} (-\pi_{t-k}) b_{t-k-1}$，考虑通胀对汇率影响时，则通货膨胀在债务削减中的贡献度等于其直接贡献加间接贡献，公式表示为 $\sum_{k=0}^{\tau-1} (-\pi_{t-k}) b_{t-k-1} + \sum_{i=0}^{\tau-1} \varepsilon_{t-k}^{\pi} \alpha_{t-k-1}^f b_{t-k-1}$，其中，$\varepsilon_t^{\pi}$ 表示通胀引起的货币贬值，它与 ε_t 不同，因为引起汇率变动的因素有很多，通胀只是其中一种。可见，考虑汇率因素与不考虑汇率因素时的差异为 $\sum_{k=0}^{\tau-1} \varepsilon_{t-k}^{\pi} \alpha_{t-k-1}^f b_{t-k-1}$，与通胀引起的货币贬值幅度 ε_t^{π}，外债比例 α_{t-1}^f 与自身滞后一期的负债率 b_{t-1} 有关。如果货币贬值幅度较小或者外债比例较小时，这种差异就不大。

一些国家不存在外债，因而我们需要弄清不考虑外债时的贡献度分解方法。不考虑外债时，即零 $\alpha_{t-1}^f = 0$，这样可得出各变量的贡献度，我们发现，除了交互项贡献度有所不同以外，财政紧缩、经济增长与利率的贡献度都与考虑内外债区别时相同，通胀的直接贡献度也相同。这里需要特别提到通胀的贡献度，由于考虑内债与外债区别时，通胀的贡献度还要考虑其间接贡献，即对汇率的影响。在外债比例为零时，通胀的间接贡献度为零。

3.6　本章小结

本章为理论部分。

首先，通过政府收支恒等式，推导出债务削减的几种方式，即经济增长、财政紧缩、通货膨胀、金融抑制、违约和铸币税，由于目前发达国家直接征收铸币税情

---

① 由于本文研究的是债务削减，因此，一般来说，$b_t - b_{t-1} < 0$，因此，经济增长与通胀贡献度中的负号代表其在债务削减中贡献度为正。相应地，利率贡献度则一般为负，如果货币贬值，则汇率贡献度也为负。由于基本赤字率分母为名义GDP，所以准确地说，赤字贡献度也与经济增长和通胀有关。所以本书赤字的贡献度是指赤字率的贡献度，而不是赤字绝对值的贡献度。

形并不常见,因而重点讨论了其他 5 种债务削减方式。

其次,对通胀等各债务削减方式的削减机制进行了分析。通胀稀释债务的程度,主要取决于通胀影响名义利率与汇率的程度,以及外币定价债务占总债务的比重。金融抑制对债务削减有双重作用,一方面直接减轻了债务负担,另一方面引致的通胀又稀释了债务。金融抑制的方式包括:公开或隐性的利率上限设置;通过资本账户管制与对金融业的审慎监管等方式,人为制造国债需求;央行量化宽松,直接购买国债以支持国债价格;其他金融抑制措施,如限制金融行业准入以及向某些行业信贷的管制等。

债务违约的方式包括:新旧债务置换、债务展期、债务减记、利息违约与债券回购等。违约不仅能直接降低债务,还会通过经济增长与通胀等途径影响债务,许多研究表明违约会导致经济衰退和通货膨胀。经济增长削减债务的方式主要包括两方面:使名义 GDP 变大和对财政状况的影响。财政紧缩对债务削减的影响有三:一是对债务削减的直接作用;二是当一国债务过高时,财政紧缩能增强消费者信心,并有利于经济复苏;三是可信的财政紧缩会降低债务的风险溢价,并降低债务利率。

第三节,对债务削减方式之间的搭配问题进行了分析。在常见的四种债务削减方式中,财政紧缩存在扩张容易收缩难的问题,实际 GDP 增速在中期内等于其潜在增速,政府难以左右,实际利率大小便成了债务削减的决定性因素。而降低实际利率无非是提高通货膨胀率和降低利率,因此削减债务的有效方式一方面是未预期的通胀,另一方面是通胀和金融抑制的搭配。

第四节,对影响债务削减的一些因素进行了阐述,包括外国投资者持有比例、本币计价比例、指数化债券比例、央行独立性、战争与经济周期等,它们对债务削减方式的选择会产生不同影响。

最后一节,我们在考虑内债与外债区别情况下,提供了理解债务削减贡献度分解方法的一个理论框架。

第4章 发达国家主权债务的削减:跨国比较

4.1 引言

未来发达国家将采取何种政策措施,来避免债务失控和削减债务,成为一个重要的话题。本章试图从历史的视角来回答这个问题。因为发达国家不是第一次面对高债务问题。二战后,发达国家普遍面临比目前还高的债务,但都成功降到了合理水平。我们研究了110年21个发达国家的经验数据,试图从一个长周期内各国债务削减的实践中,去寻找答案。我们力图从历史数据中发现一些有用的规律和信息,并从逻辑和理论上论证其合理性,以期为观察发达国家债务问题提供一个参照。

本章主要回答两个问题:(1)发达国家债务削减有哪些共同特征,减债幅度大与减债幅度小的国家差异在哪里;(2)通胀等各种削减方式在债务削减中扮演了什么样的角色。

通过对发达国家20世纪以来的政府债务削减进行的经验分析,我们发现:(1)名义 GDP 的快速增长是债务大幅下降的主要方式,财政盈余对债务削减的贡献大多为负;(2)通货膨胀水平的差异是影响减债幅度大小的关键因素,稳健性分析表明这种差异不会因为削减幅度标准的变化而变化,计量分析表明这种差异是显著的;(3)在债务削减历程中,大部分国家出现的是适度通胀①,而非恶性通胀;(4)通货紧缩对债务削减非常不利,减债幅度不大的国家,大部分像最近20年的日本一样陷入了通缩。

本章余下部分安排如下:第二节阐述发达国家债务削减历程;第三节对发达国家债务削减的总体特征进行比较分析;第四节做计量检验,对影响减债幅度大小的因素进行分析;第五节做贡献度分解,对不同时期债务削减方式贡献度进行分解;第六节是债务削减逻辑的解释。

4.2 发达国家政府债务削减的历程

图 4.1 展示了 21 个发达国家 1901—2010 年间政府债务的变动,这些国家包括美国、德国、法国、意大利、西班牙、荷兰、比利时、奥地利、芬兰、希腊、葡萄牙、爱尔兰、日本、英国、加拿大、澳大利亚、瑞典、瑞士、丹麦、挪威和新西兰。其他发

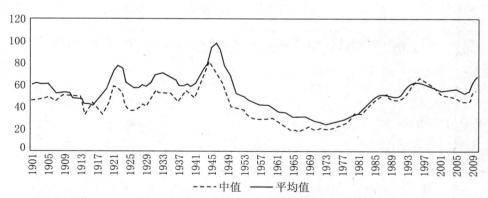

注:中值代表样本国家负债率的中间值,平均值代表负债率的简单算术平均。负债率大多指中央政府总负债率,意大利、荷兰、新西兰为一般政府总负债率,英国为中央政府净负债率,下同。

资料来源:Reinhart and Rogoff(2010b)。

图 4.1 1901—2010 年发达国家政府负债率(%)

---

① 我们对适度通胀的定义是:通胀水平略高于发达国家的通胀目标,但一般不超过 10%,从历史经验来看,这种适度通胀平均在 4%—5%左右,10%以上的通胀水平并不常见。

达经济体如韩国、以色列和冰岛等没有考虑在内,因为其债务序列较短,且没有高债务历史。另外,有人认为阿根廷等国 20 世纪初为发达国家,而我们定义的某些发达国家当时不是发达国家。这个问题是存在的,但本书不考虑这一点,因为这样处理较为方便,而且许多文献都采用类似处理方法,如 Reinhart 和 Rogoff(2010a)对 200 年情况都采用了同样的定义标准。

可以发现,20 世纪初以来,发达国家有五次债务高峰时期(不含目前这次),分别是:第一次世界大战前、第一次世界大战后、大萧条时期、第二次世界大战时期及 90 年代中期。随后债务都有明显减少,并出现阶段性的低谷时期。总体来看,债务走势呈现出一定的周期性,围绕在 40% 的中值波动,且上升与下降速度有一定对称性。

从债务削减历程来看,幅度比较大的有 5 次:1905—1913 年、1921—1927 年、1931—1937 年、1945—1974 年与 1996—2007 年。最大的一次是二战后,债务中值从 79.2% 下降到 17.1%,幅度达 62.1%;最小的一次是大萧条时期,债务中值从 54.3% 下降到 44.3%,幅度为 10%(见表 4.1)。债务最高峰出现在二战刚结束时,其中值为 79.2%,债务最低谷出现在 70 年代,其中值为 17.1%。

表 4.1 发达国家债务削减的总体情况(1901—2010 年)

时　　　期	样本数	高债务国家数	减债明显国家数	减债不明显国家数	债务削减区间
1905—1913 年	19	9	6	3	49.1%—31.7%
1921—1927 年	21	10	6	4	59.1%—37.1%
1931—1937 年	21	10	5	5	54.3%—44.3%
1945—1974 年	21	17	17	0	79.2%—17.1%
1996—2007 年	21	12	8	4	65.5%—43.8%
1901—2010 年	103	58	42	16	79.2%—17.1%

注:高债务国家指负债率起点超过 60% 的国家,减债明显国家指减债幅度达到或超过 30%,减债不明显国家指减债幅度小于 30%。债务削减区间的数值为中值。
资料来源:Reinhart and Rogoff(2010b)。

21 个样本国家的债务削减具体历程见附录的各图。可以发现,大部分国家的债务削减历程都集中在我们上面提到的 5 个债务削减区间,即一战前后、大萧条时期、二战前后与新经济时期。许多国家负债率数据不完整,尤其是两次世界大战期间以及大萧条时期,许多国家没有负债率数据。因而在一些国家的图中出现了断点,不仅如此,断点区间负债率往往出现跳升或急降。这主要因为两次世界大战对债务造成了重大影响,战争开始时,一国债务往往急剧上升,而战争结束后债务则明显下降。债务急降下降只有两种可能,一是违约,二是恶性通胀,所以,如果图中出现断点和债务急剧下降的情况,则几乎可以肯定该国出现了违约或者恶性通胀。表面上看,还有另外两种可能,即经济增长与财政盈余。但短期内经济增长与财政盈余急剧改善的可能性比较低。总体来看,二战以后的数据相对齐全,所以大部分现有研究都是针对二战后的情况。

另外,可以看到,大部分国家债务削减幅度最大的时期发生在二战后。这是因为,二战规模和范围远远大于一战,致使几乎所有国家债务在二战期间都达到了世纪高点。而与一战战后不同,二战后,世界切切实实进入了一个黄金增长的年代,特别是导致财政赤字暴增的历史事件比较少。所以,到 1974 年前后,大部分国家负债率都降到了 20 世纪的低点。随后出现的经济滞涨,使许多国家债务小幅回升,尽管这段时期大部分国家财政赤字上升、经济停滞,但高通胀使这些国家负债率只出现了小幅上涨。可见,通胀即使在维持债务稳定方面,也很重要。

几乎所有国家都有幅度较大的债务削减历程,例如,美国有 1 次,英国有 2 次,希腊有 3 次,加拿大有 4 次。从图上来看,德国似乎没有幅度较大的债务削减历程,但事实上两次世界大战后,德国都有较高债务,随后都通过违约或者通胀解决了债务。

4.3 发达国家债务削减的总体特征

4.3.1 债务削减的特征

为了更好地理解债务削减特性,并对现实提供更有用的参考,我们先只分析债务起点比较高的国家,参照《马斯特里赫特条约》规定以及其他学者的定义,我们把负债率超过 60% 作为分界线。Reinhart 和 Rogoff(2010a)在其论文中将

60％以上负债率称为"高"债务,90％以上负债率称为"非常高"。著名评级公司标普在其主权债券评级方法中,也将负债率超过 60％ 称为高债务,详情见标普 2011 年 6 月发布的 Sovereign Government Rating Methodology And Assumptions。参照以上文献,我们认为可以 60％ 作为界限来区分国家债务的高与低。当然,为了结论更可靠,本书后面还选取了 90％ 作为分界线。从表 4.1 可以发现,103 个样本中,面临高债务的有 58 个,二战时期高债务国最多。

首先,我们看一下债务削减幅度与主要削减方式之间关系的散点图(图 4.2 至图 4.5),包括名义 GDP 增速、赤字率、通货膨胀与实际 GDP 增速,这有利于直观认识他们之间的关系。

图 4.2 显示,债务削减幅度与名义 GDP 增速呈正相关关系。这意味着名义 GDP 增速越快,债务削减幅度越大,趋势线的截距项为 5.36,表明如果债务削减幅度为 0,则平均来看,这些高债务国家名义 GDP 增速为 5.36％,斜率系数为 0.046 2,意味着债务削减幅度每上升 1％,则名义 GDP 增速上升 0.05％。

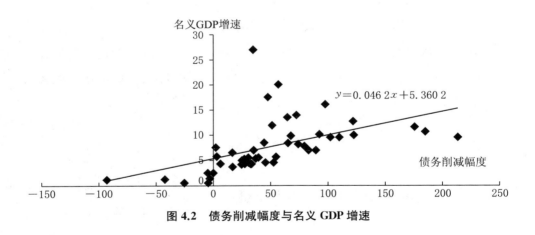

图 4.2　债务削减幅度与名义 GDP 增速

还可以看到,这些高债务国家中,所有国家名义 GDP 增速均为正。削减幅度为正的国家,名义 GDP 增速最低为 3.7％,平均为 8.6％;削减幅度超过 30％ 的国家,名义 GDP 增速最低为 4.1％,平均增速为 9.9％,其中,名义 GDP 增速超过 6％ 的国家占 73.5％;削减幅度超过 50％ 的国家,名义 GDP 增速最低为 4.5％,平均值为 10.3％,其中名义 GDP 增速超过 8％ 的占 77.3％。

可见,名义 GDP 增长是债务削减幅度大小的重要原因。

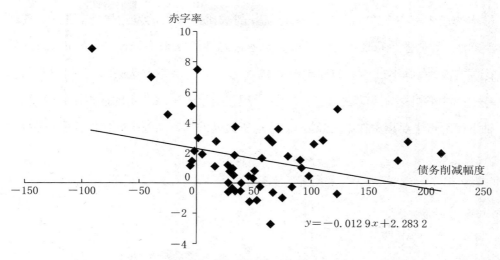

图 4.3　债务削减幅度与赤字率

图 4.3 显示了债务削减幅度与赤字率的关系。可以发现,债务削减幅度与赤字率呈负相关关系。

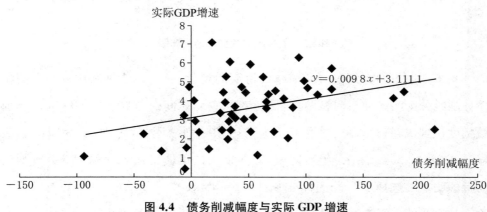

图 4.4　债务削减幅度与实际 GDP 增速

另外,我们发现,大部分国家都有一定赤字,该比例达 76.5％,债务削减幅度超过 30％的国家中,68.8％的有赤字。这意味着高债务国家中,实现财政盈余的比较少,即使债务削减幅度较大的国家,出现财政盈余的也不多。

图 4.4 显示了债务削减比例与经济增长的关系。可以发现,经济增长与债务削减幅度之间呈正相关关系。表明经济增长速度越快,债务削减比例越大,这意味着经济增长可以降低债务。不过大部分国家经济增速都在 2％—6％之间,差异并不大。

图 4.5 显示了债务削减与通货膨胀的关系。可以发现,通胀越高,债务削减比例越大。可见,通胀是这些国家债务削减取得进展的重要原因。不过,大部分

样本的通胀都在 5％以下,这意味着债务削减比例较大的发达国家,往往出现适度通胀,而非恶性通胀。也有一些国家通过恶性通胀来稀释债务,比如一战后的德国与奥地利,不过本书的样本没有包含它们。如果考虑这些国家,则通胀与债务削减的正相关关系就更明显了。另外,通胀与债务削减关系的散点图还显示,横轴下面的点主要集中在第三象限,表明通货紧缩的国家债务削减比例普遍较小。

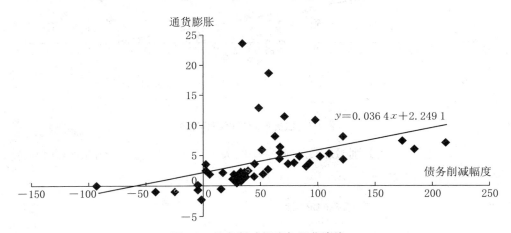

图 4.5 债务削减幅度与通货膨胀

为了把握不同方式在债务削减中扮演的角色,一种方法是做比较。我们将债务削减分为明显和不明显两类,然后对比它们之间的差异。如果一国债务削减幅度达到或超过 30％,则本书认为该国债务削减明显,否则,认为减债不明显①。这里的 30％是一个绝对降幅,即如果一国负债率从 80％降到 50％,则认为减债明显。选择 30％作为标准参照了 Reinhart 和 Rogoff(2010a)影响广泛的论文与标普的评级方法,他们都将 30％作为区分不同债务等级的分界线。根据他们的定义,如果一国将 100％的债务削减到 70％,则该国债务从"非常高"降到了"高",如果从 80％削减到 50％,则债务从"高"降到了"适中",所以,削减幅度超过 30％,可以认为比较明显。本节后面做了稳健性分析。

减债明显与不明显的国家有哪些共同特征,可以比较几种削减方式的平均值。由于减债明显国家数量达 42 个,所以只列出其区间平均值。减债不明显的国家数量相对较少,因而列出具体国家的情况。结果见表 4.2 与表 4.3。

---

① 为了行文更通畅,后文中有时将减债明显称为减债幅度比较大。

表 4.2　减债明显国家的特征(1901—2010 年)

时 期	样本数	债务占 GDP 比(%)				不同变量的平均值(%)		
		起点	终点	差值	总赤字率	名义增速	实际增速	通胀
1905—1913 年	6	98.4	47.5	50.8	0.5	10.6	2.8	7.8
1921—1927 年	6	153.1	79.9	73.3	2.3	15.5	3.6	11.9
1931—1937 年	5	161.7	93.0	68.9	0.6	8.5	4.6	3.9
1945—1974 年	17	130.1	21.6	108.5	1.5	10.1	4.3	5.8
1996—2007 年	8	86.1	38.0	48.1	0.1	5.7	3.4	2.3
1901—2010 年	42	121.3	45.2	76.1	1	9.7	3.9	5.8

注:样本中不包含发生超级通胀的国家,因为这样会使平均值失真,通胀为 CPI 数据。
资料来源:Maddison(2010)与 Reinhart and Rogoff(2010b)。

表 4.2 表明,每一时期,减债明显的国家名义 GDP 增速均较高,且都有一定财政赤字。名义增速平均值为 9.7%,部分时期高达 15.5%,最低也有 5.7%,名义 GDP 增长主要来源于通胀,其平均增速为 5.8%,高于经济平均增速 3.9%。总赤字率则平均为 1%。

表 4.3　减债不明显国家的特征(1901—2010 年)

时 期	国 家	债务占 GDP 比(%)				不同变量的平均值(%)		
		起点	终点	差值	总赤字率	名义增速	实际增速	通胀
1905—1914 年	奥地利	69.5	63.3	6.2	1.9	4.3	2.4	1.9
1902—1912 年	意大利	97.6	68.9	28.7	1.0	5.0	4.0	1.0
1901—1916 年	荷 兰	84.7	57.7	27	1.2	4.8	2.6	2.2
1921—1929 年	英 国	154	159.6	−5.6	5.1	2.7	3.2	−0.5
1921—1929 年	荷 兰	69.7	71.3	−1.6	2.2	2.5	4.7	−2.2
1921—1929 年	加拿大	63.9	47.1	16.8	1.1	6.5	7.1	−0.6
1921—1929 年	新西兰	118.9	160.4	−41.5	7.0	1.2	2.3	−1.1
1931—1938 年	荷 兰	86.8	113.3	−26.5	4.5	0.5	1.4	−0.9
1931—1938 年	比利时	62.9	68.1	−5.2	1.2	0.5	0.4	0.1
1932—1938 年	澳大利亚	98.2	68.7	29.5	−0.4	5.6	5.2	0.4
1931—1937 年	意大利	112.7	87.1	25.6	−0.7	4.2	3.3	0.9
1931—1935 年	西班牙	62.5	65.9	−3.4	1.5	1.1	1.5	−0.4
1996—2007 年	日 本	70.3	162.6	−92.3	8.8	1.1	1.1	0.0
1996—2007 年	美 国	66.7	64	2.7	3.0	5.6	3.0	2.6
1996—2007 年	意大利	119.3	103.5	15.8	2.8	3.7	1.5	2.2
1996—2007 年	希 腊	108.1	106.3	1.8	7.5	7.6	4.0	3.5
	平均值				3.0	3.6	3.0	0.6

资料来源:负债率数据来源于 Reinhart and Rogoff(2010b),GDP、赤字及通胀数据来源于帕尔格雷夫世界历史统计(1750—1993 年)、Maddison(2010)以及 Reinhart and Rogoff(2010b)。

观察减债不明显国家的各项指标,可以发现,高赤字并非主因,因为 16 个国家中有 8 个总赤字率在 2% 以下,11 个在 3% 以下,都在《马斯特里赫特条约》的红线之下;实际增长也不是主要原因,因为超过一半的国家增长在 3% 以上,加拿大年增速更是高达 7.1%。这些减债不明显的国家有一个共性,就是通货紧缩。16 个国家中,有 8 个通胀低于 0.1%,是明显的通缩,另外还有 3 个通胀在 1% 以下,其他 5 个通胀水平也较低。

平均来看,减债不明显国家名义 GDP 增速仅为 3.6%,而减债明显国家名义 GDP 增速为 9.7%,相差悬殊。其中实际增速仅相差 0.9%,通胀水平相差 5.2%。另外,赤字率的差异为 2%。可见,通胀水平的差异是影响减债幅度大小的关键因素,经济增长差异最小。

通缩的国家有没有减债明显的,为回答这个问题,我们看 42 个减债明显国家的通胀水平。图 4.6 发现,没有年通胀低于 0 的国家,由此可认为所有减债明显的国家均没有出现通缩。另外,减债明显的国家超过 1/3 通胀在 6% 以上,超过一半通胀在 4% 以上,说明通胀在债务大幅削减中扮演了重要的角色。

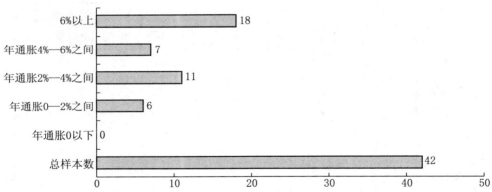

注:减债明显国家指负债率起点超过 60%,且削减幅度超过 30% 的国家,通胀为 CPI 数据。
资料来源:Reinhart and Rogoff(2010b)。

图 4.6　减债明显国家,不同通胀区间的国家个数

4.3.2　稳健性分析

1. 债务削减标准问题

除了以 30% 的削减幅度作为判断减债明显与否的标准外,为了结论更加稳健,本书还采用了另外两个标准。第一个是削减比例超过 30%,这种方式克服了 30%这样一个绝对降幅的缺陷;第二个是削减幅度超过 30%且削减比例也超过 30%,这种方式结合了前两种标准的优点。表 4.4 列出了这两种标准下,债务削减明显与不明显国家各项指标间的差额①。

可以发现,两种标准下的结果都和前面很相似。首先,减债明显国家的名义 GDP 增速平均值分别为 9.7%与 10%,而赤字率则分别为 0.9%与 1%,表明名义 GDP 快速增长是债务大幅削减的主要原因;其次,减债明显与不明显国家各项指标中,通胀差异最大,分别为 5.2%与 5.5%,而经济增长的差异分别为 1.0%与 0.9%,赤字率的差异分别为 2.1%与 1.8%。可见,和前面结论一样,通胀差异是影响债务削减幅度大小的关键因素,经济增长差异最小。

2. 高债务起点定义问题

以 60%作为判断高债务的起点可能有偏误,为此,我们还选取了 90%作为分界线,即把一国负债率超过 90%定义为高债务。选择该标准,是因为 Reinhart 和 Rogoff(2010a)通过对 20 个发达国家 200 年的历史研究发现,当负债率低于 90% 时,经济增长与债务相关性很低,但当负债率超过 90%以后,经济增长中值下滑约 1%,平均增速下滑更多。这表明,从经济影响来看,90%可能是一个债务临界值。

在该标准的基础上,我们重新对债务削减明显与否进行了衡量,这又有三个标准。第一,负债率起点 90%以上,削减幅度超过 30%;第二,负债率起点 90% 以上,削减比例超过 30%;第三,负债率起点 90%以上,削减幅度与比例都超过 30%。表 4.4 列出了这三种标准下的结果。

可以发现,减债明显国家名义 GDP 增速依然很高,分别为 9.7%、9.7%与 10%,是债务显著削减的主要原因。但减债明显与不明显国家各个指标间的差异变小了,主要原因是负债率在 60%—90%区间的国家,拥有许多与负债率 90%以上国家相似的特征,这或许表明 60%的标准更合适。但这不影响结论的稳健性,因为通胀差异仍明显高过经济增长与赤字率。

总体来看,各种标准下,名义 GDP 增速都比较高,在 9.7%—10%之间,另

---

① 债务起点仍是 60%。削减幅度指绝对值,削减比例指相对值。假设一国负债率起点为 60%,如果削减幅度为 30%,则削减之后债务为 60%－30% = 30%,如果削减比例为 30%,则削减之后债务为 60%× (1－30%) = 42%。

外,赤字率在 0.9%—1.5%之间。无论将 60%标准改为 90%,还是对 30%的削减幅度进行修改,主要结论仍然不变。

表 4.4　减债明显国家特征,以及减债明显与不明显国家指标差额—平均值(%)

	减债明显国家赤字率	减债明显国家名义GDP增速	赤字率差异	实际GDP增速差异	通胀差异
负债率起点 60%以上,削减幅度超过 30%	1.0	9.7	2.0	0.9	5.2
起点 60%以上,削减比例超过 30%	0.9	9.7	2.1	1.0	5.2
起点 60%以上,削减幅度比例都超过 30%	1.0	10	1.8	0.9	5.5
起点 90%以上,削减幅度超过 30%	1.5	9.7	0.2	0.7	2.4
起点 90%以上,削减比例超过 30%	1.4	9.7	0.4	0.9	2.2
起点 90%以上,削减幅度比例都超过 30%	1.5	10	0.2	0.9	2.6

注:削减幅度指绝对值,削减比例指相对值,详细介绍见前一页脚注。差异指减债明显与不明显国家间各变量平均值的差额。

资料来源:负债率数据来源于 Reinhart and Rogoff(2010b),GDP、赤字及通胀数据来源于帕尔格雷夫世界历史统计(1750—1993 年)、Maddison(2010)以及 Reinhart and Rogoff(2010b)。

另一个问题是,60%是 20 世纪 90 年代提出的标准,用来对待 110 年的问题是否合适。这确实是一个问题,因为不同时期对债务的承受能力不同,这可能会影响到最终结论,但我们对 110 年使用同一数值作为标准主要基于以下三点原因。

(1)同一标准有利于分析,而且不同时期确实难以找到合适的衡量标准,可能基于同样的原因,Reinhart 和 Rogoff(2010a)的论文在分析 200 年发达国家的经验时,也采用了同一个标准。即将债务统一分为低(0%—30%),中(30%—60%),高(60%—90%)和非常高(90%以上)。

(2)通过分析不同时期债务的平均值与中值,我们发现差异并不大,除了二战后出现债务特别高和特别低的时期以外,其他大部分时间债务都比较接近,其中,平均值波动的主要区间是 50%—65%,中值波动的主要区间是 40%—50%,这可以从图 4.1 得出直观印象。因此,110 年内发达国家对债务的承受能力可能差别不大。

(3)我们还尝试过其他高债务的定义方法。将不同时期,国家间平均值 1 个或者 2 个标准差以上的定义为高债务。根据统计规律,平均值 1 个标准差以上的样本只有 16%,相对于本书总体 21 个样本国家来说,高债务样本就只有 3 个左右,再从其中比较债务削减明显与不明显国家的特征就不太合适。2 个标准差以外的样本更少,所以也不适合本书的分析。

3. 不考虑债务起点与债务削减标准的分析

以上分析需要定义高债务标准，以及债务削减明显与不明显，都含有主观成分。为了结论更客观，我们还采用了另一种分类方法，即完全放弃高债务的设定，不再区分债务削减明显与不明显。将债务削减分为四类：削减比例在10%以下，10%—30%之间，30%—50%和50%以上[①]。表4.5列示了不同削减比例情况下，各变量的平均值与中值。

可以发现，名义GDP的快速增长是债务大幅削减的主要方式。债务削减比例相对较大的国家（削减比例30%—50%与50%以上），名义GDP增速普遍较快，平均值分别为9.9%与8.1%，中值分别为7.7%与6.8%；而债务削减比例相对较小的国家（削减比例在10%—30%与10%以下），名义GDP增速则比较缓慢，平均值仅为4.7%与4.0%，中值分别为4.5%与4.3%；可见，平均值相差约4%，中值相差约3%。同期，所有国家均有一定比例的赤字率，即使债务削减比例50%以上的国家，也有一定赤字率，其平均值与中值分别为0.4%与0.5%，而削减比例10%以下国家，赤字率更高，平均值与中值分别为2.5%与1.9%，这表明鲜有国家依靠财政盈余来削减债务，名义GDP快速增长才是债务削减的中坚力量，和前面结论相同。

表 4.5　不同债务削减幅度的特征(1901—2010 年)

削减比例	样本数	不同变量的平均值(%)				不同变量的中值(%)			
		总赤字率	名义增长	实际增长	通胀	总赤字率	名义增长	实际增长	通胀
10%以下	39	2.5	4.0	3.2	0.8	1.9	4.3	3.2	1.1
10%—30%	18	1.0	4.7	3.6	1.1	0.5	4.5	3.4	1.1
30%—50%	13	2.2	9.9	4.3	5.6	0.7	6.8	4.0	2.8
50%以上	20	0.4	8.1	4.1	4.0	0.5	7.7	4.1	3.6

注：样本中不包含发生超级通胀的国家，因为这样会使平均值失真，通胀为CPI数据，名义与实际增长是名义GDP增速与实际GDP增速。下面如果没有特殊说明，也表示类似的含义。

资料来源：Maddison(2010)，Reinhart and Rogoff(2010b)。

还可以发现，通胀差异仍是影响减债幅度大小的关键因素，而经济增长差异最小。债务削减比例50%以上国家，通胀平均值与中值分别为4.0%与3.6%，债

---

① 削减比例指债务削减的相对幅度，即负债率的起点与终点值之差，除以负债率起点值。如在1905—1913年这个债务削减片段里，所有国家的削减比例均是其1913年的负债率与1905年的负债率做对比。如果该国债务从50%下降到40%，则削减比例为(50%—40%)/50%＝20%。

务削减比例 10% 以下国家,通胀平均值与中值分别为 0.8% 与 1.1%,相差 3.2% 与 2.5%;而经济增长平均值与中值分别相差 0.9% 与 0.9%,赤字率平均值与中值分别相差 2.1% 与 1.4%。可见,无论从平均值,还是从中值来看,通货膨胀水平的差异都最大,而经济增长差异都最小。我们还将削减比例 30%—50% 与 10%—30% 的组,50% 以上与 10%—30% 的组,以及削减比例 30%—50% 与 10% 以下的组进行比较,发现结论都相同。

经济理论告诉我们,通货紧缩不利于债务人,经验是否支持这一点,表 4.7 列示了通货紧缩国家的债务削减情况,这里的通货紧缩指物价增长的区间平均值小于零。可以发现,19 个通货紧缩的国家中,13 个债务削减比例在 0 以下,即在该减债片段中,这些国家债务反而在上升;还有 4 个国家债务削减比例在 30% 以下,即约 90% 的通货紧缩国家债务削减幅度都比较小。

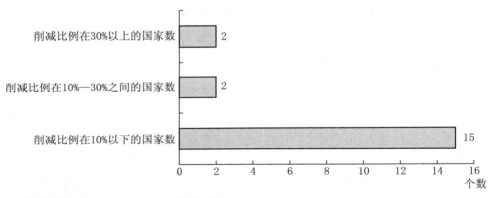

资料来源:Reinhart and Rogoff(2010b)。

图 4.7　通货紧缩的国家债务削减区间分布

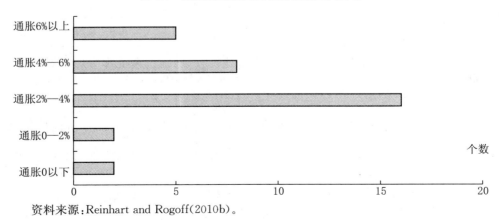

资料来源:Reinhart and Rogoff(2010b)。

图 4.8　债务削减比例超过 30% 国家通胀情况分布

再观察债务削减比例30％以上国家的情况（见图4.8）。可以发现，33个样本国家中有29个区间通胀平均值在2％以上，13个国家通胀在4％以上，5个通胀在6％以上。可见，通胀是这些国家债务削减取得进展的重要原因。相反，如果一国陷入通货紧缩，则该国债务削减往往会比较有限。

这里还不包括那些通过恶性通胀稀释债务的国家，一战后的德国与奥地利等就通过恶性通胀稀释了债务。如果考虑这些国家，则以上特征更明显。

4.3.3　名义增长偏离与通胀偏离

上面分析表明，名义增长与通胀在债务削减中扮演了重要角色，但该分析主要对比了不同国家的情况。对同一个国家来说，在债务削减时期，其名义增长与通胀是否显著高于其他时期，我们将这种相对于基准的差异称为偏离。即如果在债务削减时期，名义增长高于其他时期，那么名义增长偏离为正，如果低于其他时期，名义增长偏离为负。如果通胀高于其他时期，则通胀偏离为正，反之，则通胀偏离为负。除了名义增长偏离与通胀偏离外，我们还考察了实际经济增长偏离（简称增长偏离）与总体赤字偏离。

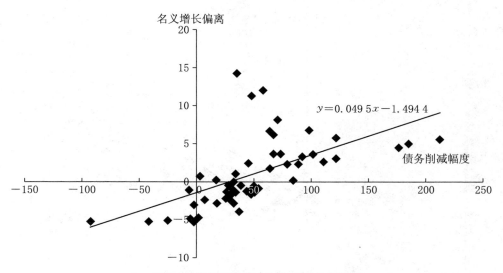

图 4.9　债务削减幅度与名义增长偏离

首先，看名义增长偏离。图4.9列示了债务削减幅度与名义增长偏离之间关系的散点图。可以发现,债务削减幅度与名义增长偏离正相关。即债务削减幅度越大,名义增长越可能高于其基准时期。债务削减幅度30%以上国家中,其名义增长偏离平均为3.1%,名义增长偏离为正的样本占71.9%;债务削减幅度30%以下国家中,名义增长偏离为负的比例为88%。可见,名义GDP快速增长是债务削减幅度大小重要原因。

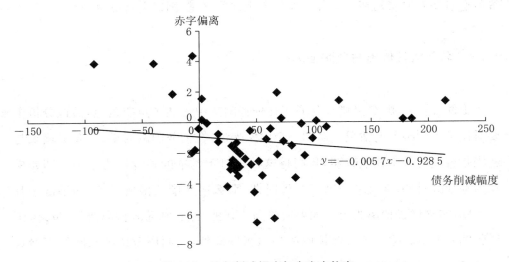

图4.10 债务削减幅度与赤字率偏离

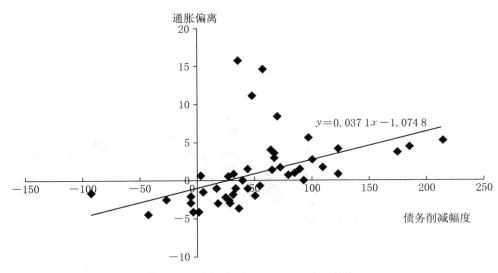

图4.11 债务削减幅度与通货膨胀偏离

其次,看赤字偏离。图4.10列示了债务削减幅度与赤字偏离之间关系。可以发现,二者仅呈现非常微弱的负相关关系。这表明,债务削减幅度大小与赤字率偏离关系不是很明显。但是,图 4.11 中散点大多出现在第四象限,显示在债务削减幅度为正的时期,大部分国家赤字率偏离为负。即在债务下降时期,赤字率普遍小于债务上升时期,但从统计上来看,债务削减幅度大小与赤字率关系不太明显。

再看通胀偏离。图 4.11 列示了债务削减幅度与通胀偏离之间的关系。可以发现,二者呈现正相关关系。其中,债务削减幅度 30％ 以上国家中,其通胀偏离平均为 2.6％,通胀偏离为正的样本占 71.9％,表明在债务削减时期,通胀普遍高于基准时期,且削减幅度越大,通胀偏离其基准的幅度越大。

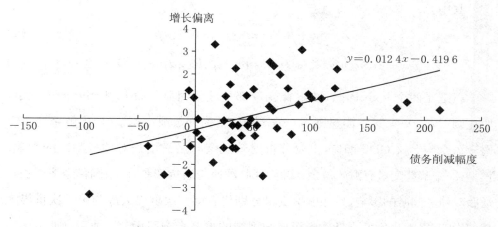

图 4.12 债务削减幅度与增长偏离

最后看增长偏离。图 4.12 列示了债务削减幅度与增长偏离之间的关系。可以发现二者呈现正相关关系。债务削减幅度 30％ 以上的国家中,其增长偏离平均为 0.5％,其中增长偏离为正的样本占 72％;表明在债务削减时期,经济增长快于基准时期。

4.4 计量分析

以上分析有助于理解债务削减的基本特征,但仅仅是描述性统计结果,要得出令人信服的结论,需要结合计量方法来论证。

4.4.1 变量及数据说明

我们将债务削减明显与否作为被解释变量,考察经济增长和通胀等因素的作用。由于被解释变量减债明显与否是一个二元因变量,我们采用 logit 模型进行分析。模型如下:

$$P_i = \frac{1}{1 + e^{-Z_i}}$$

其中,

$$Z_i = c + \beta_1 Surplus + \beta_2 N\_gdp \tag{1}$$

$$Z_i = c + \beta_1 Surplus + \beta_2 Inflation + \beta_3 R\_gdp + \beta_4 D_1 + \beta_5 D_2 \tag{2}$$

以上是两个 logit 回归,被解释变量都是减债明显与否[①],用 $Succeed$ 表示,明显则 $Succeed = 1$,不明显则 $Succeed = 0$。c 为常数项。模型(1)中解释变量有财政盈余与名义 GDP 增速,主要分析财政盈余与名义增长对债务削减的影响。模型(2)中解释变量有财政盈余、实际 GDP 增速与通货膨胀,用来阐释经济增长与通胀对债务削减的影响,另外虚拟变量分别代表第一次世界大战与第二次世界大战的影响,因为战争可能是债务形成与削减的重要影响因素。一战后,则 $D_1 = 1$,非一战后,则 $D_1 = 0$;二战后,则 $D_2 = 1$,非二战后,则 $D_2 = 0$。财政盈余指政府总收入与总支出的差额占 GDP 比,用 $Surplus$ 表示,名义 GDP 增速用 N_gdp 表示,实际 GDP 增速用 R_gdp 表示,通货膨胀用 $Inflation$ 表示。事实上,把财政盈余变量分解为基本盈余(不包含利息支出)和债务利率,更有助于了解债务削减因素,但长时间跨国的债务加权利率数据难以获得,所以这里不区分基本盈余和债务利率。

跨国的所有违约、CPI 与负债率的数据均来源于 Reinhart 与 Rogoff (2010b),可以从 C.M. Reinhart 的个人主页获得长序列数据;实际 GDP 数据,来源于 IMF 的国际金融统计(IFS)和 Maddison(2010)的世界人口与 GDP 统计;名义 GDP 数据由实际 GDP 与 CPI 数据计算而得;总赤字数据,主要来源于帕尔格雷夫世界历史统计(1750—1993 年)、IMF、世界银行、OECD 网站以及 CEIC 数

---

① 自计量部分起,减债是否明显的定义按照起点 60% 以上,削减幅度超过 30% 来衡量。

据库,部分缺失数据依据政府收支恒等式推算而得。计量软件为 Eviews6.0。

4.4.2　logit 回归检验

在做计量分析前,了解变量之间相关性是有益的。一方面可以把握各债务削减变量之间的联系,另一方面,如果两个变量高度相关,回归分析结果就有偏误,需要剔除其中一个变量。结果见表 4.6。

表 4.6　主要变量间相关性分析

	$Succeed$	$Surplus$	N_gdp	R_gdp	$Inflation$
$Succeed$	1.000				
$Surplus$	0.377	1.000			
N_gdp	0.580	0.045	1.000		
R_gdp	0.267	0.256	0.332	1.000	
$Inflation$	0.533	-0.031	0.957	0.044	1.000

可以发现,四个解释变量都与 $Succeed$ 有一定的相关性,相关系数在 0.267 至 0.580 之间,表明四个变量都对减债明显概率有某种程度的影响。模型(1)中两个解释变量财政盈余与名义增长相关性为 0.045,说明存在一定相关性,但相关性并很低,因此将两个变量同时放入模型不会导致回归结果出现偏误。模型(2)中三个解释变量之间相关性也比较弱,其中,除了财政盈余与经济增长之间相关系数略高(0.256)以外,其余相关系数都很低,分别为 -0.031 与 0.044,因此,将它们同时放入模型也不会导致回归结果出现偏误。值得注意的是,名义增长与通胀的相关系数非常高,达到 0.957,而与实际增长的相关系数只有 0.332,或许表明通胀是驱动名义 GDP 增长的主要因素。

表 4.7 报告了 logit 模型估计结果。模型(1)结果表明,N_gdp 变量在 1% 水平上显著,说明名义 GDP 的快速增长能显著提升减债明显的概率,与前面结论相一致。另外,$Surplus$ 变量也很显著,说明财政状况越好的国家,债务削减幅度越大,这意味着财政紧缩有利于削减债务。然而前面分析表明,即使债务削减幅度较大的国家,财政盈余也不常见。可见,要获得幅度较大的债务削减,促进名义 GDP 的快速增长仍然是关键。

表 4.7　发达国家减债因素的估计结果

解释变量	(1)	(2)
财政盈余(Surplus)	0.765**	1.857**
	(0.371)	(0.855)
名义 GDP(N_gdp)	0.997***	
	(0.357)	
实际 GDP(R_gdp)		0.588
		(0.836)
通胀(Inflation)		3.856**
		(1.940)
常数	−4.526**	−7.207
	(1.961)	(5.244)
一战后(D_1)		−4.579
		(280)
二战后(D_2)		30.03
		(2 500)
样本数	49	49
LR 统计量(p 值)	38.27(0.00)	51.26(0.00)
McFadden R^2	0.605	0.810

注:变量括号内为标准误。

另外,模型(2)显示,$Inflation$ 变量显著。表明通胀越高,减债明显的概率越大,这验证了前面的观点,即通胀水平的差异是减债明显与否的重要影响因素。R_gdp 变量不显著,表明经济增速较快的国家,减债明显的概率没有显著提升。该结论多少有些令人惊讶,因为这意味着,通过刺激经济增长来解决债务难以奏效。我们认为,这可能因为样本中经济增速差异太小,而且模型中控制了经济增长对财政改善的间接影响,所以经济增长没有系统性提升减债明显的概率。经济增速差异较小的原因有二:一方面,一国长期经济增长等于其潜在增速,不同时期差异并不大;另一方面,各发达经济体经济发展程度差异较小,且一体化程度较高,经济增速会比较接近。因而,经济增长难以决定债务削减明显与否。另外,两个战争变量都不显著,表明战争对减债明显与否影响不大。

4.4.3　稳健性分析

上面的分析是考虑债务削减明显与不明显,并定义高债务起点时得出的结论,为了结论更可靠,我们还做了另一种标准下的回归分析。即放弃债务起点设置,将债务削减分为四类的情况,削减比例在 10% 以下,10%—30%,30%—50%,50% 以上。此时因变量不再是二分变量,而是债务削减比例。

我们做两个 OLS 回归,模型如下:

$$Z = c + \alpha_1 Surplus + \alpha_2 N\_gdp + \alpha_3 D_1 + \alpha_4 D_2 \tag{3}$$

$$Z = c + \beta_1 Surplus + \beta_2 Inflation + \beta_3 R\_gdp + \beta_4 D_1 + \beta_5 D_2 \tag{4}$$

被解释变量为债务削减比例(其定义见 53 页注释),用 Z 表示。21 个国家 5 个债务削减片段,一共有 105 个样本,其中数据齐全的有效样本有 90 个。c 为常数项。模型(3)和(4)的解释变量与 logit 回归类似。

同样,在做计量分析前,我们对变量之间的相关性进行分析,结果见表4.8。

表 4.8　主要变量间相关性分析

	Z	$Surplus$	N_gdp	R_gdp	$Inflation$
Z	1.000				
$Surplus$	0.398	1.000			
N_gdp	0.369	−0.352	1.000		
R_gdp	0.320	−0.070	0.475	1.000	
$Inflation$	0.297	−0.368	0.948	0.169	1.000

可以发现,四个解释变量都与 Z 有一定的相关性,相关系数在 0.297 至 0.398 之间,表明四个变量都对减债幅度大小有某种程度的正向影响。模型(3)中两个解释变量财政盈余与名义 GDP 增长相关系数为 −0.352,说明存在一定相关性,但相关性并不高,因此,将两个变量同时放入模型不会导致回归结果出现偏误。模型(4)中三个解释变量之间相关性也不高,相关系数分别为 −0.070,−0.368 与 0.169,因此,将它们同时放入模型也不会导致回归结果出现偏误。其中,通货膨胀与财政盈余相关系数为 −0.368,可能表明,财政状况越糟糕,通货膨胀越高。另外,同前面的相关性分析结果类似,名义 GDP 增长与通货膨胀的相关系数也非常高,达到 0.948,而与实际增长的相关系数只有 0.475,表明通胀是驱动名义 GDP 变化的主要因素。

表 4.9 报告了模型估计结果。结果表明,N_gdp 变量、$Surplus$ 变量、$Inflation$ 变量都在 1% 水平上显著,这与 logit 回归得出的结论相同。此时,R_gdp 变量显著,而 logit 模型估计出的结果显示 R_gdp 变量不显著。表明,在这个模型中,通胀与经济增长都有助于债务削减。那么,通胀和经济增长谁更重要,从回归系数可以看出,R_gdp 变量前的系数为 7.64,$Inflation$ 变量前的系数为 4.22,表明 1

单位的经济增长比 1 单位的通胀更有利于债务削减。然而,我们的计算发现,通胀样本的变异系数[1]为 1.96,经济增长样本的变异系数为 0.45。这表明,通胀的波动远大于经济增长的波动。考虑到波动率的差异,通胀在债务削减中的作用大于经济增长。

另外,两个模型中,D_1 变量均不显著,模型(3)中 D_2 变量在 5% 水平上显著,模型(4)中 D_2 变量在 10% 水平上显著,所以,总体上可认为 D_2 变量显著,表明二战后债务削减幅度显著高于其他时期。这与 logit 回归分析有些不同,logit回归分析表明这两个变量均不显著。

为何这两个模型中,经济增长与 D_2 变量的结果不相同,我们认为可能是样本选择的原因。OLS 回归中,样本有 90 个,多于 logit 回归分析时的 49 个,所以得出的结论更加可靠一些。事实应该也是如此,经济增长对债务削减影响应该是显著的。另外一般来说,战争结束后,债务比较容易降下来,二战后的经验表明了这一点,二战后几乎所有国家都实现了较大幅度的债务削减。但一战后一些国家债务削减比例较小,可能因为当时战争烟云没有消散,并被紧随而来的大萧条破坏了债务削减进程。

表 4.9　发达国家减债因素的估计结果

解释变量	(1)	(2)
财政盈余(Surplus)	10.09***	9.80***
	(1.53)	(1.54)
名义 GDP(N_gdp)	4.72***	
	(0.83)	
实际 GDP(R_gdp)		7.64***
		(2.41)
通胀(Inflation)		4.22***
		(0.91)
常数	1.61	−7.24
	(5.76)	(8.92)
一战后(D_1)	−6.52	−10.12
	(9.62)	(9.98)
二战后(D_2)	22.55**	20.25*
	(10.35)	(10.47)
样本数	90	90
F 统计量(p 值)	20.54(0.00)	16.89(0.00)
调整的 R^2	0.468	0.472

注:变量括号内为标准误,*** 为 1% 水平上显著,** 为 5% 水平上显著,* 为 10% 水平上显著。

---

[1]　变异系数为一组数据的标准差和平均值之比,衡量样本的波动率。

4.5　各债务削减方式的贡献度分解

由于样本中债务系统性削减有 5 次，为把握不同阶段的特征，以及不同方式在债务削减中扮演的角色，最好能对其贡献度进行分解。

4.5.1　贡献度分解说明

需要说明的是，贡献度分解很难做到精确，因为各个变量之间会相互影响，而且分解方法还需要建立在某些假设基础上。本节只是粗略呈现主要变量在债务削减中的贡献度。

由于长时期跨国利率与基本赤字数据难以获得，但总体赤字数据可以得到，所以本文将利息支出与基本赤字合并为总体赤字，结合公式（3.2）可以推出其贡献度为 $\sum_{i=0}^{r-1} gdef_{t-i}$，其中 $gdef_t$ 表示 t 期总体赤字率。根据理论部分的分析，如果不考虑变量间相互影响，经济增长与通货膨胀的直接贡献度也比较容易获得。

但获得汇率贡献度比较困难，因为绝大多数国家长时期的政府外债比例数据难以获得，即使能得到总体比例，也不确定以美元还是以其他货币定价。另外，货币贬值有多种原因，并非全部由通胀引起，即使获得了汇率贡献度，也难以准确衡量通胀的间接贡献。

因此，本节所得通胀贡献度并未考虑汇率影响时的直接贡献。根据理论部分的分析，对于美国与英国等外债比例较少的国家，或者汇率变动不大的国家来说，本书的分解更加准确。另外，我们将汇率与交互项贡献度合并起来称为其他因素贡献度。

4.5.2　不同时期债务削减方式的贡献度

上面分析表明，发达国家 20 世纪以来有 5 次幅度较大的债务削减经历，接下来我们将分阶段考察不同债务削减方式的贡献度。除非特殊说明，其中变量与数据来源和计量分析部分一样。

1. 一战前

这段时期,样本国家中有 9 个面临高债务①问题,其中 6 个有效地降低了债务,没有国家违约。债务削减明显②的国家中,财政盈余的贡献几乎都为负(西班牙除外),债务削减主要靠名义 GDP 增长,5 个国家中(希腊由于数据的缺失,无法计算其贡献度),4 个通胀发挥了主导作用。债务削减不明显的国家中,通胀的贡献度都小于经济增长,且财政盈余贡献也都为负。可见,通胀差异是减债明显与不明显的主要区别。

表 4.10　负债率下降中各因素的贡献度(一战前)

国　家	时　期	债务占 GDP 比(%)				削减方式贡献度(%)			
		起点	终点	差值	违约	盈余	实际增长	通胀	其他
减债明显的国家									
法　国	1901—1913 年	98.1	66.3	31.8	否	−6.3	19.5	22.1	−3.5
希　腊	1904—1911 年	213	89.6	123.4	否	—			
日　本	1910—1919 年	70.1	22.3	47.8	否	−3.8	17	48.7	−14.1
葡萄牙	1902—1924 年	66.9	9.6	57.3	否	−38.1	7.4	130.4	−42.4
西班牙	1902—1920 年	128	44.4	83.6	否	5.5	35.1	54.2	−11.2
新西兰	1902—1908 年	128.7	95.1	33.6	否	−0.5	33.6	5.1	−4.6
减债不明显的国家									
奥地利	1905—1913 年	69.5	63.3	6.2	否	−15.1	12.7	10	−1.4
意大利	1902—1912 年	97.6	68.9	28.7	否	−9.6	34	8.4	−4.1
荷　兰	1901—1916 年	84.7	57.7	27.0	否	−17.7	27.8	20.6	−3.7

注:希腊数据缺失,无法计算其贡献度,其他是指汇率以及各变量的交互项贡献,盈余代表财政盈余,其贡献为总体赤字率贡献度的负数,下同。

资料来源:负债率与违约数据来源于 Reinhart and Rogoff(2010b),GDP、赤字及通胀数据来源于帕尔格雷夫世界历史统计(1750—1993 年)、Maddison(2010)以及 Reinhart and Rogoff(2010b)。

2. 一战后

10 个国家在 1922 年左右面临高债务,其中 6 个债务削减幅度比较明显。这 6 个国家中,5 个主要依靠通胀来降低债务。作为第一世界大战的战败国,德国和奥地利的恶性通胀显著降低了债务,其他国家的通胀相对温和一些。除意大利外,其他国家盈余贡献度都为负。

对于减债不明显的国家而言,财政盈余与通胀的贡献都为负,增长的贡献较

① 这里的高债务指负债率在 60% 以上,下同。
② 这里债务削减明显与不明显的分界线是削减幅度是否超过 30%,下同。

大。与减债明显的国家相比，最大差异来自通胀，减债明显国家的通胀贡献最低为 25.1%，而不明显的通胀贡献均不超过 −3.6%。

表 4.11 负债率下降中各因素的贡献度（一战后）

国 家	时 期	债务占 GDP 比（%）				削减方式贡献度（%）			
		起点	终点	差值	违约	盈余	实际增长	通胀	其他
减债明显的国家									
奥地利	1922—1924 年	—	24.1	—		1922 年通胀达 25 倍			
比利时	1922—1930 年	129.1	57.5	71.6	否	−28.1	20.5	95.1	−15.9
法 国	1922—1929 年	261.8	139.9	121.9	否	−34.7	65.8	124.8	−34
希 腊	1922—1927 年	68.5	34.1	34.4	否	−18.5	8.1	69.6	−24.8
意大利	1921—1926 年	153	87.9	65.1	否	13.8	28.3	28	−5.0
德 国	1921—1927 年	—	4.2	—		1923 年通胀达 21 亿倍			
减债不明显的国家									
英 国	1921—1929 年	154	159.6	−5.6		−40.9	44	−6.2	−2.5
荷 兰	1921—1929 年	69.7	71.3	−1.6		−17.5	30	−12.7	−1.4
加拿大	1921—1929 年	63.9	47.1	16.8		−8.6	31	−3.8	−5.0
新西兰	1921—1929 年	118.9	160.4	−41.5		−55.7	29.4	−9.7	−5.5

注：对债务进行违约或重组的国家，我们不计算各债务削减方式的贡献度。奥地利与德国在 1913—1923 年的数据都没有，但由于都是一战的战败国，债务的积累是自然的，所以本书将二者列入减债明显的国家行列，尽管二者采取的是超级通胀手段。

资料来源：负债率与违约数据来源于 Reinhart and Rogoff（2010b），GDP、赤字及通胀数据来源于帕尔格雷夫世界历史统计（1750—1993 年）、Maddison（2010）以及 Reinhart and Rogoff（2010b）。

3. 大萧条时期

这段时期有 10 个发达国家面临高债务，5 个债务削减幅度比较明显。值得探讨的是，几乎所有国家都发生了违约[①]，英国、澳大利亚、希腊与意大利内债与外债同时违约，新西兰与西班牙内债违约，加拿大、法国与比利时外债违约。当然，违约主要是利息违约，如英国在 1932 年，将其大部分债务转换为利率为 3.5% 的永续年金，希腊在 1932 年削减了其国内债务 75% 的利息[②]。

[①] 本书对债务违约的定义是指，公开拖欠名义债务。通胀是一种隐形违约，但债权人对公开违约与隐形违约的反应有明显不同，因此本书不把通胀视为一种违约，即使恶性通胀，我们也认为不是违约。

[②] 更多例子见 Reinhart and Rogoff（2011）。

表 4.12　负债率下降中各因素的贡献度（大萧条时期）

国　家	时　　期	债务占 GDP 比（%）			削减方式
		起点	终点	差值	
减债明显的国家					
加拿大	1932—1940 年	82.5	48.4	34.1	1935 年外债违约
法　国	1931—1938 年	160.6	—	—	1932—1939 年外债违约
希　腊	1931—1937 年	138.8	87.7	51.1	1932—1951 年内债与外债违约
新西兰	1933—1940 年	248.8	125.9	122.9	1933 年内债违约
英　国	1933—1940 年	177.6	110	67.6	1932 年内债违约，1933—1939 年外债违约
减债不明显的国家					
荷　兰	1931—1938 年	86.8	113.3	−26.5	通货紧缩，增长乏力
意大利	1931—1937 年	112.7	87.1	25.6	1932 年内债违约，1932—1937 年外债违约
澳大利亚	1932—1938 年	98.2	68.7	29.5	1932 年内债与外债违约
比利时	1931—1938 年	62.9	68.1	−5.2	1932—1939 年外债违约
西班牙	1931—1935 年	62.5	65.9	−3.4	1936—1939 年内债违约

资料来源：负债率与违约数据来源于 Reinhart and Rogoff（2010b），GDP、赤字及通胀数据来源于帕尔格雷夫世界历史统计（1750—1993 年）、Maddison（2010）以及 Reinhart and Rogoff（2010b）。

　　由于存在违约，难以分析其他债务削减方式的贡献度。但仍然可以直观认识一下各变量的影响，表 4.13 列出了通胀与增长的平均值。可以发现，减债明显的国家名义 GDP 都出现了快速上涨，平均增速为 8.5%，而减债不明显的国家，平均增速为 2.6% 以下。债务削减明显与不明显国家相比，实际增长平均值差异为 2.2%，通货膨胀平均差异为 3.7%，可见通胀差异仍是关键。

表 4.13　高债务国主要债务削减变量的平均值（大萧条时期）

国　　家	时　　期	平均值（%）		
		名义增速	实际增速	通胀
减债明显的国家				
加拿大	1932—1940 年	7	6.1	0.9
法　国	1931—1938 年	4	0.9	3.1
希　腊	1931—1937 年	11.8	5.9	5.9
新西兰	1933—1940 年	9.9	5.7	4.2
英　国	1933—1940 年	10	4.4	5.6
平均值		8.5	4.6	3.9

国　家	时　期	平均值（%）		
		名义增速	实际增速	通胀
减债不明显的国家				
比利时	1931—1938 年	0.5	0.4	0.1
澳大利亚	1932—1938 年	5.6	5.2	0.4
意大利	1931—1937 年	4.2	3.3	0.9
西班牙	1931—1935 年	1.1	1.5	−0.4
荷　兰	1931—1938 年	1.4	1.4	0
平均值		2.6	2.4	0.2

资料来源：负债率与违约数据来源于 Reinhart and Rogoff(2010b)，GDP、赤字及通胀数据来源于帕尔格雷夫世界历史统计（1750—1993 年）、Maddison(2010)以及 Reinhart and Rogoff(2010b)。

4. 二战后

二战结束后，发达国家债务几乎都达到了 20 世纪高点，其中，很多都在 100% 以上，英国达 238%。面临高债务的国家有 17 个，削减幅度都比较大。这时期，债务削减分为两派。日本、德国等通过违约与超级通胀解决了债务，其他国家则都通过常规途径削减了债务，如经济增长和财政紧缩等。

表 4.14　负债率下降中各因素的贡献度（二战后）

国　家	时　期	债务占 GDP 比（%）				削减方式贡献度（%）			
		起点	终点	差值	违约	盈余	实际增长	通胀	其他
奥地利	1945—1948 年	—	35.2	—	内债违约与超级通胀，外债违约				
德　国	1945—1951 年	—	6.1	—	内债与外债违约				
希　腊	1945—1949 年	—	11.3	—	内债违约与超级通胀，外债违约				
日　本	1945—1954 年	—	12.0	—	内债违约与超级通胀，外债违约				
意大利	1942—1947 年	129.0	25.4	103.6	对外违约与超级通胀				
澳大利亚	1946—1982 年	190.4	14.7	175.7	否	−54.5	103.6	160.4	−33.8
比利时	1946—1974 年	118.3	38.7	79.6	否	−50.7	74.8	67.5	−12
加拿大	1946—1978 年	135.9	33.8	102.1	否	−83.8	95.6	102.3	−12
丹　麦	1947—1975 年	71.2	4.3	66.9	否	17.8	24.3	29.4	−4.6
芬　兰	1945—1974 年	101.3	3.3	98.0	否	−14.6	34.7	116.1	−38.5
荷　兰	1946—1977 年	223	38.1	184.9	否	−86	124.4	153.5	−7.0
新西兰	1945—1975 年	145.6	35.8	109.8	否	−86.5	102.7	100.9	−7.3

续表

国家	时期	债务占 GDP 比（%）				削减方式贡献度（%）			
		起点	终点	差值	违约	盈余	实际增长	通胀	其他
挪 威	1946—1965 年	65.0	20.5	44.5	否	−8.3	32.3	20.5	0
西班牙	1940—1976 年	71.8	8.0	63.8	否	−103.8	55.2	112.4	0
瑞 士	1945—1973 年	79.1	5.0	74.1	否	25	35.4	17.3	−3.6
英 国	1947—1992 年	237.9	24.6	213.3	否	−91.8	104.5	227.6	−27
美 国	1946—1974 年	122	32.3	89.7	否	−5.5	61.8	57.5	−24.1

注：奥地利、德国与日本部分负债率数据缺失，但它们都是二战战败国，债务的积累是自然的，所以本文将二者列入减债明显的行列；希腊部分债务数据也缺失，由于债务一直处于违约中，而且二战期间通胀水平非常高，所以也将其列入减债明显行列。

资料来源：负债率与违约数据来源于 Reinhart and Rogoff（2010b），GDP、赤字及通胀数据来源于帕尔格雷夫世界历史统计（1750—1993 年）、Maddison（2010）、IMF 的国际金融统计（IFS）以及 Reinhart and Rogoff（2010b）。

采用常规途径削减债务的国家中，大部分财政盈余贡献都为负，只有瑞士和丹麦为正。名义 GDP 快速增长是各国债务显著削减的主要方式，在 12 个国家中，有 8 个通胀贡献度大于增长。可见，通胀是这段时期名义 GDP 快速增长的主要驱动力。以英国为例，如果没有通胀的贡献，其债务最低点的 1992 年负债率将为 232%，而不是实际的 24.6%。

5. 新经济时期及本世纪初

1996 年左右，面临高债务的发达国家有 12 个，其中 8 个明显削减了债务，4 个财政盈余贡献为正。但名义 GDP 快速增长依然是所有国家债务削减的主要原因。令人惊讶的是，这 8 次中，增长的贡献全部高于通胀。这时期，债务削减不明显国家中，只有日本深受通缩困扰，其他 3 国通胀贡献都为正，这 4 国有一个共同问题，即赤字率较高，贡献度都在 −30% 以上。

表 4.15　负债率下降中各因素的贡献度（新经济时期及本世纪初）

国家	时期	债务占 GDP 比（%）				削减方式贡献度（%）			
		起点	终点	差值	违约	盈余	实际增长	通胀	其他
减债明显的国家									
加拿大	1996—2008 年	82.6	43.3	39.3	否	−0.9	25.4	16.8	−2.0
丹 麦	1993—2007 年	79.8	27.9	51.9	否	15.5	21.5	16.4	−1.5
芬 兰	1996—2008 年	66.6	29.5	37.1	否	6.5	22.4	9.8	−1.6

国　家	时　期	债务占 GDP 比（%）				削减方式贡献度（%）			
		起点	终点	差值	违约	盈余	实际增长	通胀	其他
爱尔兰	1987—2007 年	112.4	19.8	92.6	否	−19.9	75.6	47.1	−10.2
荷　兰	1993—2007 年	77.2	45.5	31.7	否	−12.1	25.8	20.3	−2.3
新西兰	1986—2007 年	71.6	17.4	54.2	否	6.4	29.4	24.2	−5.8
比利时	1993—2007 年	118.1	85.3	32.8	否	−26.8	35.9	24.6	−0.9
瑞　典	1996—2008 年	80.4	35.4	45.0	否	14.8	22.1	10.3	−2.2
减债不明显的国家									
日　本	1996—2007 年	70.3	162.6	−92.3	否	−96.5	17.7	−1.6	−11.9
美　国	1996—2007 年	66.7	64	2.7	否	−33.4	20.8	17.4	−2.1
意大利	1996—2007 年	119.3	103.5	15.8	否	−30.6	17.7	26.4	2.3
希　腊	1996—2007 年	108.1	106.3	1.8	否	−82.6	47.5	41.6	−4.7

资料来源：负债率与违约数据来源于 Reinhart and Rogoff（2010b），GDP、赤字及通胀数据来源于帕尔格雷夫世界历史统计（1750—1993 年）、IMF 的国际金融统计（IFS）。

6. 总体情况

1901—2010 年间，债务显著削减的国家平均负债率从 121.3% 下降到 43.4%，幅度达 77.9%，其中名义 GDP 增长贡献了 100.9%，财政盈余贡献了 −23.1%，可见，债务的削减主要靠名义 GDP 的增长，而名义 GDP 增长主要靠通胀，贡献 66%，增长的贡献为 46.3%。债务削减不明显的国家，增长贡献也比较大，但财政盈余与通胀的贡献比较小。

表 4.16　1901—2010 年间债务削减的总体情况

	样本数	债务占 GDP 比（%）			削减方式贡献度（%）			
		起点	终点	差值	盈余	实际增长	通胀	交互项
减债明的国家								
平均值	32	121.3	43.4	77.9	−23.1	46.3	66.0	−11.1
中　值	32	112.4	34.1	78.3	−12.1	33.6	48.7	8.1
减债不明显的国家								
平均值	16	90.4	91.6	−1.2	−36.8	28.4	8.2	−1.0
中　值	16	85.8	70.1	15.7	−30.6	29.4	8.4	8.5

资料来源：负债率与违约数据来源于 Reinhart and Rogoff（2010b），GDP、赤字及通胀数据来源于帕尔格雷夫世界历史统计（1750—1993 年）、Maddison（2010）、IMF 的国际金融统计（IFS）以及 Reinhart and Rogoff（2010b）。

4.6 结果解释与债务削减的逻辑

上述研究表明,幅度较大的债务削减都是名义 GDP 快速增长的结果,财政盈余贡献大多为负。这是因为债务是一个相对概念,即债务余额与名义 GDP 之比。长期来看,经济增长与通货膨胀会导致名义 GDP 显著提高,只要将赤字维持在合理水平,负债率自然会下降。财政盈余意味着高税负,不仅会对经济造成一定伤害,还会导致政治家丢失选票。所以鲜有国家会通过财政盈余来削减债务。对发达国家而言,理想的选择也许是将赤字维持在合理水平,通过促进名义 GDP 快速增长来削减债务。

不同国家财政盈余贡献有所不同。历次债务削减过程中,丹麦、芬兰等国财政盈余的贡献明显较高,通常为正贡献,瑞士、荷兰等财政盈余贡献也较大,而希腊、比利时等财政盈余贡献明显较低。这种差异主要来源于财政预算理念不同,也与央行独立性有关。北欧国家财政与货币政策向来稳健,南欧国家的纪律性则差一些。

通胀差异是影响债务削减幅度大小的关键因素。这是因为从国别来看,各发达经济体经济发展程度差异较小,且一体化程度较高,经济增速会比较接近;从时期来看,一国长期经济增长等于其潜在增速,不同时期差异并不大。因而,经济增长差异难以成为名义 GDP 差异的核心因素。而通胀水平却可以有很大差异,较高通胀水平会迅速降低债务的实际值。通货紧缩则不利于债权人,导致陷入债务困境。以日本为例,近年来,该国债务不断膨胀,从 1991 年的 48% 急剧攀升到 2010 年的 189%[1],很重要的原因是该国持续出现的通缩。不同国家通胀程度不同,在削减幅度较大的国家中,希腊每次通胀的贡献度都很大,西班牙也比较大;相比较而言,荷兰明显较低,这与央行独立性有关。

在债务削减过程中,发达国家普遍出现的是适度通胀,而非恶性通胀。这是因为对发达国家而言,恶性通胀的代价高昂,会产生严重的再分配效应、价格扭

---

[1]　数据来源于 Reinhart and Rogoff(2010b),指中央政府总负债率。

曲和经济秩序混乱等,这在政治上是不可接受的,但适度通胀则对经济和社会的负面影响总体较小,易于接受和实施。在债务成为一个主导性难题时,由于没有一种削减方式不存在负面作用,发达国家不得不在各种债务削减方式中权衡取舍。经济增长与财政紧缩发挥的空间常常有限,违约又难以接受,这样,适度通胀可能会成为发达国家解决债务的一种较好选择。

尽管大部分时期,通胀都是债务削减的主导因素,但新经济时期是一个例外,这期间经济增长的贡献高于通胀。这可能与欧元的出现有关,1999 年欧元诞生,一些减债明显的国家加入了欧元区,如爱尔兰、芬兰、比利时和荷兰等。欧央行货币政策比较保守,因此,这些国家通胀普遍较低。另外,部分国家如爱尔兰享受到了市场一体化与欧盟援助的好处,从而实现了高增长。

4.7　本章小结

本章对发达国家政府债务削减进行了经验分析。横截面样本为 21 个发达国家,时间区间为 1901—2010 年。我们采用了比较分析、计量分析与贡献度分解三种方法。结果表明:

(1) 名义 GDP 的快速增长是债务大幅削减的主要方式,财政盈余对债务削减的贡献大多为负。这是因为债务是一个相对概念,即债务余额与名义 GDP 的比例。长期来看,经济增长与通货膨胀会导致名义 GDP 显著提高,只要将赤字维持在合理水平,负债率自然会下降。财政盈余意味着高税负,不仅损害短期经济,还会导致政治家丢失选票,所以鲜有国家通过财政盈余来削减债务;对发达国家而言,理想的选择也许是维持赤字在合理水平,通过促进名义 GDP 快速增长来削减债务。

(2) 通货膨胀差异是影响债务削减幅度大小的关键因素,稳健性分析表明这种差异不会因为削减幅度标准的变化而变化,计量结果显示这种差异是显著的,而通货紧缩则是债务削减的天敌,债务削减幅度较小的国家,大部分像日本一样陷入通货紧缩。这是因为驱动名义 GDP 增长的两大因素为经济增长与通胀。从国别来看,各发达经济体发展程度差异较小,且一体化程度较高,经济增速会比较接近;从时期来看,一国长期经济增长等于其潜在增速,不同时期差异不大。因而,经济增长差异难以成为名义 GDP 差异的核心因素。而驱动名义 GDP 增长的另一个因素中,通胀水平却可以有很大差异,较高通胀水平会迅速稀释债务的实际值,通货紧缩则不利于债务人,导致陷入债务困境。以日本为例,近年来,该国债务不断膨胀,从 1991 年的 48% 急剧攀升到 2010 年的 189%,重要原因是该国持续出现的通缩。

(3) 在债务削减过程中,发达国家普遍出现的是适度通胀,而非恶性通胀。从债务削减比例超过 50% 的样本来看,通胀平均值与中值分别为 4.0% 与 3.6%,以二战后的情况为例,美国在 1946—1974 年的债务削减过程中,通胀平均值为 3.3%,英国在 1946—1973 年的债务削减过程中,通胀平均值为 4.9%,西班牙在 1946—1973 年的债务削减过程中,通胀略高一些,平均值为 7.7%,但依然是适度通胀。可见,这些国家出现的都是适度通胀。

分阶段来看,在不考虑通货膨胀对汇率影响的情况下,一战前与一战后,通胀对债务削减的贡献都大于经济增长,且通胀差异是减债明显与不明显的主要差异。大萧条时期,债务削减总体上不明显,几乎所有国家都出现了违约。二战后,所有面临高债务的国家都显著削减了债务,其中增长与通胀均发挥了重要作用,但通胀仍占主导地位。

尽管大部分债务削减时期,通胀都是债务削减的主导因素,但新经济时期是一个例外,这期间经济增长的贡献高于通胀。这可能因为,1999 年欧元诞生,一些减债明显的国家加入了欧元区,如爱尔兰、芬兰、比利时和荷兰等。欧央行货币政策比较保守,因此,这些国家通胀普遍较低。另外,部分国家如爱尔兰享受到了市场一体化与欧盟援助的好处,从而实现了高增长。

第 5 章　发达国家主权债务的削减：部分国家的经验

5.1　引言

为了验证上述结论，并了解各国债务削减的具体情况，本章我们对部分发达国家的经验做详细分析。当前与债务问题有关的重要国家有美国、英国、日本，欧元区的法国、德国以及希腊、爱尔兰、葡萄牙、西班牙和意大利，后者统称为"PIIGS 五国"。本章主要分析这些国家的情况。

在这些国家中，我们把美国作为分析重点，有两点原因：第一，美国是当今世界第一大经济体，其影响力远大于其他国家，因此，需要重点分析其债务问题；第二，美国数据相对齐全和完整，没有因为大的事件而出现数据断档的情况，序列也比较长，因而可以分析利率等因素对债务削减的影响。

分析"PIIGS 五国"，是因为这五个国家目前深陷欧债风波中，研究他们具有重要的现实意义，他们都是欧元区成员，在发达国家债务中有其特殊性：一方面，他们不能直接控制欧央行的货币发行，另一方面，他们的债务问题会通过共同货币渠道影响其他国家。

除了美国与"PIIGS 五国"以外，比较重要的发达国家还包括英国、日本、法国和德国等。其中，英国和日本是世界经济与政治的重要力量，且英镑和日元为重要的国际货币。法国与德国是欧元区的核心国家,因此,两国的债务问题也很重要,需要重点分析。

通过研究,本章得出了以下结论:(1)美日欧等重要国家的经验均验证了前一部分的主要结论,即名义 GDP 的快速增长是债务削减主因,通胀是驱动名义 GDP 增长的关键。(2)在债务削减过程中,适度通胀与金融抑制组合效果最好,即在通胀上升时,政府通过人为手段抑制利率上升,来达到削减债务的目的。美国经验表明,实际利率为负是二战后美国债务大幅削减的重要原因,是通胀与金融抑制搭配所产生的结果。

本章余下部分安排如下:第二节是美国经验的分析;第三节是"PIIGS 五国"经验的分析,第四节为英日德法等国经验分析;最后一节是小结。

5.2　美国经验

5.2.1　变量定义与数据来源

本节涉及的变量有负债率、基本赤字率、名义 GDP 增速、实际 GDP 增速、通货膨胀率、名义与实际利率等。负债率是指美国联邦政府总债务占 GDP 的比重;基本赤字率是指基本赤字与 GDP 之比,其中,基本赤字指联邦总赤字减去利息支出,负值代表除去利息支出后有财政盈余的年份;通货膨胀率采用 GDP 平减指数所得,这比 CPI 等通胀指标更能准确地衡量减债贡献。

名义利率为有效利率,即政府债务各期限利率的加权平均,由于把握各期限债务余额及权重较难,我们采用另一种方法获得利率数据,即每年美国联邦政府的利息支出除以上一年债务余额;实际利率即名义利率减去通胀率。

本节样本区间为 1900—2011 年,年度数据都是指财年,即一个美国财政年度,对美国政府来说,一个财年指上年 10 月 1 日至当年 9 月 30 日[①]。本书数据

---

① 1976 年以前,美国财年指上年 7 月 1 日至当年 6 月 30 日。

均来源于美国政府债务网站,网址为 http://www.usgovernmentdebt.us/。

5.2.2　美国政府债务及其演变

美国政府分为联邦、州与地方政府三级。图 5.1 列示了各级政府总负债率的变动情况,可以发现,联邦政府债务占比最大,州政府占比最小,以 2011 年为例,联邦政府债务占比约 84％,州政府占比为 6％,地方政府占比为 10％。相对来讲,联邦政府债务波动较大,州与地方政府债务波动较小。

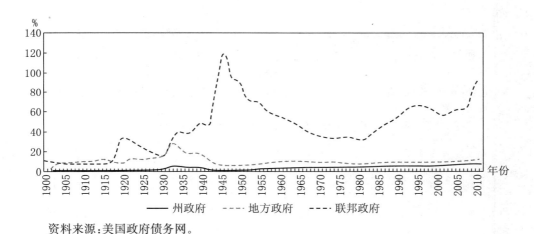

资料来源:美国政府债务网。

图 5.1　美国各级政府总债务占 GDP 比(1900—2011 年)

联邦政府债务又可分为总债务与净债务。总债务指美国财政部发行的国债,其中又分为两部分:公众持有债务与政府内部持有债务。公众持有债务又称净债务,指联邦政府外部持有的政府债务,包括个人、企业、美联储、州与地方政府以及外国投资者;政府内部持有债务是总债务与净债务差额,指美国社保基金等联邦政府机构持有的联邦债务。

图 5.2 呈示了各级主体持有的美国政府债务占 GDP 比。可以发现,联邦净负债率明显小于总负债率,以 2011 年为例,联邦总负债率为 97.8％,其中净负债率为 67.1％,如果不考虑美联储持有的部分,则负债率为 56.1％。

在研究美国债务削减时,我们选取联邦政府总负债率作为指标,主要是与第 4 章保持一致,另外,110 年的数据表明,几个负债率指标间的相关系数非常高。

其中,联邦总负债率与一般政府总负债率相关系数为0.98,联邦总负债率与联邦净负债率相关系数为0.96。这表明负债率指标的选取对考察美国债务削减结果影响不大。

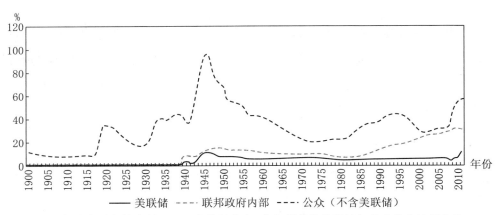

注:联邦政府总负债率是以上三个指标之和,净负债率是美联储与公众持有比例之和。
资料来源:美国政府债务网。

图 5.2　美国持有主体联邦政府负债率(1900—2011 年)

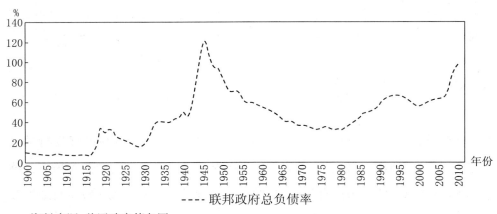

资料来源:美国政府债务网。

图 5.3　美国联邦总负债率的演变(1900—2011 年)

图 5.3 展示了 20 世纪以来联邦政府总负债率的历史走势,可以发现,债务经历了 5 个相对的高峰期:第一次世界大战、第二次世界大战、大萧条、20 世纪 90 年代中期以及目前。两次战争都引起了债务短期急剧膨胀,然而战争结束后,债务都显著下降;大萧条时期,债务急剧膨胀,并维持在高位;20 世纪 90 年代初,债务缓慢上升,随后有所回落;随着金融危机爆发,债务急剧膨胀,目前仍在上升

之中。

从债务的削减历程来看,共有三个时期。1921—1929 年、1946—1974 年、1995—2001 年,对应的事件分别为一战后,二战后与新经济期间。幅度最大、持续时间最长的一次是 1946—1974 年期间,负债率从 122％下降到 32.3％,下降幅度达 89.7 个百分点,持续时间 28 年。其次是 1921—1929 年,负债率从 32.6％下降到 16.3％,历时 8 年。幅度最小的是 1995—2001 年,负债率从 66.4％下降到 56.5％,历时 6 年。

5.2.3 二战后美国政府债务削减

1. 描述性分析

按照上一章的分析,债务起点高,削减幅度比较大的只有一次,即二战后。目前的债务水平也只有那段时期可以匹配,所以重点分析这段时期的减债特征。

美国联邦总负债率从 1946 年的 122％下降到 1974 年的 32.3％,削减幅度达 89.7％,第一个五年削减幅度最大,从 1946 年的 122％下降到 1951 年的 75.2％,五年时间削减幅度达 46.8％,因而我们也详细介绍这一阶段的特征。表 5.1 列示了整个样本时期(1901—2011 年)、1946—1974 年,以及 1946—1951 年间各项指标的期间平均值。

表 5.1 债务削减时期各项指标的期间平均值

平均值(％)	1946—1974 年	1946—1951 年	1901—2011 年
负债率变化	122％—32.3％	122％—75.2％	—
名义 GDP 增速	7.0	8.8	6.3
总体赤字率	0.2	−1.8	2.4
实际 GDP 增速	3.7	3.9	3.3
通货膨胀率	3.3	4.9	3.0
债务名义利率	2.6	1.7	3.2
基本赤字率	−1.1	−3.3	1.1
债务实际利率	−0.7	−3.8	0.2

注:各变量数据不包括 1946 年。因为 1946 年是债务高点,次年的经济数据才会对债务削减开始产生影响。

资料来源:美国政府债务网站。

首先,看名义 GDP 增速与总体赤字率。粗略地看,负债率的下降可以归结为两个因素的变化。可以发现,1946—1974 年间,美国名义 GDP 增速平均为7.0%,总体赤字率为 0.2%。计算可得,如果名义 GDP 保持不变,则美国 1974 年负债率应该为 217.8%,而不是 32.3%。而如果名义债务保持不变,则美国 1974 年负债率应该为 18.1%,而非 32.3%。可见,财政盈余做出了负贡献,名义 GDP 快速增长是二战后美国债务大幅下降的主要方式。

其次,将名义 GDP 增速分解为实际 GDP 增速与通货膨胀率,将总体赤字率分解为基本赤字率与债务利率。我们看到,1946—1974 年间的经济增长与通货膨胀率分别为 3.7% 与 3.3%,相对于整个样本时期(1901—1911 年)分别高 0.4% 与 0.3%;而基本赤字率与债务名义利率分别为 -1.1% 与 2.6%,相对于整个样本时期(1901—1911 年)分别低 2.2% 与 0.6%。可见,这段时期的债务削减中,经济增长、通货膨胀、财政紧缩与金融抑制均扮演了积极作用。

再次,在债务削减最紧迫的第一个五年(即 1946—1951 年),名义 GDP 增速更高,为 8.8%,显著高于 1946—1974 年的期间平均值 7.0%。在 1.8% 的差异中,0.2% 来源于经济增长,1.6% 来源于通货膨胀。可见,通货膨胀在债务最高的几年间扮演了重要角色。

最后,还可以将通货膨胀率与利率相结合。可以发现,在债务削减时期,实际利率为负,1946—1974 年间,债务实际利率为 -0.7%,明显小于 1901—1911 年的平均值 0.2%,对于第一个五年(即 1946—1951 年),负利率更明显,为 -3.8%。可见,通货膨胀与金融抑制的搭配是美国二战后债务削减的重要方式。

由于一战和二战期间,通胀水平显著上升,另外 20 世纪 70 年代滞涨时期,通胀也大幅上升,因此,这三个样本时期都比较特殊,我们将 1901—2011 年作为样本比较基准时期,应该排除这三段时期,具体情况见表 5.2。如果不包含这三段时期,则 1901—2011 年的通胀平均值为 2.0%,经济增长平均值为 3.0%,赤字率平均值为 1.5%,名义利率平均值为 3.2%。如果按照这个标准,1946—1974 年和 1946—1951 年间,通胀水平比基准时期分别高 1.3% 和 2.9%,表明通胀对债务削减作出了重要贡献。

表 5.2　债务削减时期各项指标的期间平均值(%)

	1946—1974 年	1946—1951 年	1901—2011 年
负债率变化	122%—32.3%	122%—75.2%	—
名义 GDP 增速	7.0	8.8	5.0
总体赤字率	0.2	−1.8	1.5
实际 GDP 增速	3.7	3.9	3.0
通货膨胀率	3.3	4.9	2.0
债务名义利率	2.6	1.7	3.2
基本赤字率	−1.1	−3.3	0
债务实际利率	−0.7	−3.2	1.2

注:各变量数据不包括 1946 年,因为 1946 年是债务高点,次年的经济数据才会开始影响债务削减。考虑到两次世界大战期间与 70 年代滞涨时期,美国通胀水平异常的高,不适合作为比较基准,因此 1901—2011 年的平均值没有包含这三段时期。

资料来源:美国政府债务网站。

2. 贡献度分解

在债务的削减中,经济增长、通货膨胀、财政紧缩与利率各做了多大贡献?为回答这个问题,我们利用本文理论部分的方法进行分解,结果见表 5.3。由于费雪效应,许多学者把名义利率与通胀结合起来考察,为此,表 5.3 中列出了实际利率的贡献,为了简化起见,我们把实际利率的贡献看成名义利率与通胀贡献之差。

1946—1974 年期间,美国联邦总债务占 GDP 比重从 122.0% 下降到 32.3%,在 89.7% 的下降中:贡献最大的是经济增长,贡献度为 61.8%;其次是通货膨胀,贡献度为 57.7%;基本盈余贡献度为 31.2%;名义利率贡献度为 −36.7%;增长与通胀的交互项贡献度为 −24.3%。

如果把经济增长、通货膨胀及其交互项结合起来,可得名义 GDP 增长贡献为 95.2%,将基本盈余与名义利率结合起来,可得总财政盈余贡献为 −5.5%。可见,财政盈余对债务削减的贡献为负,名义 GDP 的快速增长才是美国债务大幅削减的主要原因。

另外,把通货膨胀与名义利率结合起来,可得实际利率贡献度为 21%。可见,美国实际债务在 1946—1974 年间缩水了 21%,这相当于隐形的违约。

表 5.3　负债率下降中各因素的贡献度(1946—1974 年)

时　期	债务占 GDP 比(%)			贡献度(%)					
	起点	终点	差值	基本盈余	名义利率	实际增长	通货膨胀	交互项	实际利率
1946—1974 年	122.0	32.3	89.7	31.2	−36.7	61.8	57.7	−24.3	21.0
1946—1955 年	122.0	66.2	55.8	19.3	−12.6	29.0	30.3	−10.2	17.7
1955—1965 年	66.2	44.9	21.3	10.0	−12.5	20.5	10.7	−7.4	−1.8
1965—1974 年	44.9	32.3	12.6	1.9	−11.6	12.3	16.7	−6.8	5.1

注:基本盈余指基本赤字的负数,准确地说,这里的基本赤字应该叫基本赤字率,因为它等于基本赤字与名义 GDP 之比。
资料来源:美国政府债务网站。

如果把 1946—1974 年按约每 10 年划分,可以分为三个阶段。1946—1955 年债务下降幅度最大,从 122% 下降到 66.2%,削减幅度为 55.8%;其次是 1955—1965 年,从 66.2% 下降到 44.9%,削减幅度为 21.3%;最后是 1965—1974 年,从 44.9% 下降到 32.3%,削减幅度为 12.6%。表 5.3 列出了三段时期各变量的贡献度。

可以发现,1946—1955 年间,贡献最大的是通货膨胀,其贡献度为 30.3%,高于经济增长的贡献 29% 与基本盈余的贡献 19.3%。即使考虑名义利率对债务削减的影响,实际利率的贡献也高达 17.7%,明显高于另外两个时期,说明,在债务相对较高的第一个十年,债务削减更多地依靠"稀释"。

5.2.4　与其他债务削减时期的比较

1995—2001 年是美国政府债务下降的另一个时期,但这次削减幅度相对较小,其负债率从 1995 年的高点 66.4% 下降到 2001 年的低点 56.5%,削减幅度仅为 9.9%。与二战后的那段时期相比,其差别在哪?几段时期的各变量情况见表 5.4。

表 5.4　不同时期各债务削减方式的平均值

时　　期	1995—2001 年	1946—1974 年	1946—1952 年
负债率变化	66.4%—56.5%	122%—32.3%	122%—72.3%
名义 GDP 增速	5.4	7.0	8.3
总体赤字率	−0.7	0.2	−1.5
实际 GDP 增速	3.8	3.7	3.9
通货膨胀率	1.6	3.3	4.4
债务名义利率	4.3	2.6	1.7
基本赤字率	−3.3	−1.1	−3.0
债务实际利率	2.7	−0.7	−2.7

资料来源：美国政府债务网。

从总体赤字率与名义 GDP 增速两个因素来看，1995—2001 年间，总体赤字率的平均值为 −0.7%，小于 1946—1974 年的平均值 0.2%，表明 1995—2001 年间的财政收支状况总体好于 1946—1974 年间。再看名义 GDP 增速，我们发现，这段时期名义增速平均为 5.4%，明显小于 1946—1974 年间的平均值 7.0%。可见，名义 GDP 增速相对缓慢是这段时期债务削减幅度不够大的主要原因。

为了在时间长度上更好地匹配，我们还比较了 1995—2001 年与 1946—1952 年间的情况，因为二者都是 6 年时间，其中 1946—1952 年间债务下降幅度达 49.7%。观察发现，这两段时期，名义 GDP 增速的平均值差异高达 2.9%，而总体赤字率的平均值差异仅为 0.8%，因此名义 GDP 增速相对较慢是这段时期债务削减幅度不够大的主要原因。名义 GDP 增速的差异中，实际 GDP 增速差异为 0.1%，通货膨胀差异为 2.8%。可见，通胀水平差异是两段时期债务削减幅度不同的关键原因。

一般来说，高通胀对应高利率水平，但这两段时期情况却恰巧相反。尽管 1946—1952 年间的通货膨胀水平（4.4%）显著高于 1995—2001 年间（1.6%），但 1946—1952 年间债务名义利率（1.7%）显著低于 1995—2001 年间（4.3%）。这样，实际利率平均值的差异高达 5.4%。

5.2.5　通胀稀释债务的实现方式与收益

上一节的分析表明，美国在 1946—1952 年出现了非常明显的高通胀与低利率组合。1946—1974年期间同样如此,前面对此有过分析,而且28年间,实际利率为负的年份占了13年,相比而言,1995—2001年期间实际利率为负的年份为零。那么二战后美国为何会出现高通胀与低利率的组合,从而使实际利率为负?

通胀稀释债务似乎很有诱惑,但根据费雪效应,通胀上升常常引起名义利率上升,所以通胀作出正贡献时。引致的利率上升也作出了负贡献。那么如何保证通胀上升时,名义利率不上升呢?有两种方式:第一种是一次性的未预期通胀,如果投资者都相信某次通胀上升是短暂的,则通胀预期不会变化,名义利率也不会上升;第二种方式是通胀上升时,政府采用行政等手段抑制债务名义利率的上升;Reinhart与Sbrancia(2011)将这种利率管制行为定义为金融抑制。这两种方式在美国债务削减中发挥了怎样的作用?

如果将未预期的通胀定义为,期间通胀平均值两个标准差以外的年份[1],那么,1946—1974年间,有两年发生了未预期的通货膨胀,分别是1947年与1974年。而整个1946—1974年间,金融抑制比较明显,这段时期,美国实行了著名的Q条例,即对存款利率设置了一定上限,同时美联储还与财政部签订了压低债务利率的协定。由于未预期通胀只在两年出现,而金融抑制在此期间一直存在,在适度通胀的配合下,美国债务得以减少。所以可认为这段时期,美国通胀稀释债务的主要途径是适度通胀与金融抑制的搭配,这与希腊不同,希腊依靠的是高通胀。

既然通胀与金融抑制都是隐性税收,那么,税率是多少,这种税率可以用实际利率占GDP比重来衡量,虽然通胀稀释债务有两种途径,但本质上都是压低实际利率。我们以实际利率等于0为分界线,如果某年实际利率为正,则认为不存在隐性税收,如果为负,则认为政府获得了隐性税收。事实上,这种方法低估了金融抑制的收益,因为实际利率为正才应该是常态。通过计算可以发现,1946—1974年期间,实际利息支出每年占GDP比重为-0.9%,1946—1955年期间为-2.0%,表明隐性税收主要来自于二战后的第一个10年。

5.2.6 二战时期的美联储

上述分析表明,通胀上升时,美国政府通过金融抑制压低了债务利率,除了

---

① Reinhart and Sbrancia(2011)。

Q 条例外,还有什么重要的政策?

1941 年 12 月 7 日,珍珠港事件爆发,美国卷入第二次世界大战。战争需要大量经费支出,短时期内难以全部通过增税来解决,因此,大量发行国债成了一个重要的资金来源方式,事实也是如此,美国联邦负债率从 1941 年的 45% 上升到 1946 年的 122%。为了降低债务负担,保证国债有源源不断的需求,美联储在其中扮演了重要角色。

就在珍珠港事件爆发的第二天(即同年 12 月 8 日),美联储即发表声明,为了保证战争融资与国债市场的平稳运行,美联储随时准备购买国债,其购买数量完全取决于财政部的融资需求[①]。1942 年,美联储与美国财政部签订了一个稳定国债价格与利率上限的协议。在协议中,美联储正式承诺将保持国债的低利率[②]。具体来看,财政部设定了不同到期日的证券收益结构:3 个月期国库券收益率不超过 0.375%,1 年期债券收益率不超过 0.875%,最长期限的国债利率不超过 2.5%[③]。

美联储成功实现了上述目标,1942 年 6 月至 1947 年 6 月,美国 3 个月国库券利率始终维持在 0.375%[④],同期,美国联邦债务加权利率在 1.48%—2%[⑤]。

二战结束以后,政府支出开始明显缩小,同时美国开始面临显著通胀压力(1946 年美国通胀为 8.3%)。由此,关于美联储是否应该继续维持国债低利率出现了争论。争论的结果是,1947 年年中,财政部允许利率适度上升,以使美联储能顾及通胀目标,然而,由于当时债务过高,美国财政部仍然要求美联储支持国债价格[⑥]。这样美联储对美国国债市场的支持维持到了 1951 年。当时朝鲜战争已经爆发,美国通胀压力显著抬头,1951 年美国通胀率达 7.9%。1951 年 3 月 4 日,美联储与财政部发布了一个联合声明,表明美联储对政府融资支持的正式结束,该声明被称为财政部—美联储协定(Treasury-Federal

---

① 美联储网站,http://www.federalreserve.gov/monetarypolicy/fomchistorical1941.htm。
②⑥ 里斯满联储,http://www.richmondfed.org/publications/research/special_reports/treasury_fed_accord/background。
③ Sbrancia(2011)。
④ 美联储网站 H15。
⑤ 美国政府债务网站。

Reserve Accord)①，自此以后，美联储才开始正常发挥其独立的货币政策职能。

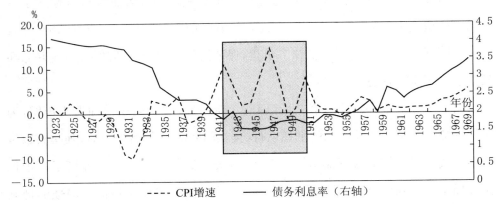

资料来源：通胀数据来源于 Reinhart and Rogoff（2010）、债务加权平均利率数据来源于美国政府债务网站。

图 5.4　美国通胀率与联邦债务加权利率

尽管美联储对美国国债市场的公开支持仅维持到 1951 年，但这段时期，对美国债务削减而言至关重要。1946 年至 1951 年的短短 5 年间，美国政府负债率从 122％下降到 75％，削减幅度达 47％。这段时期与二战期间相同，都有一个显著特征：通胀高于其他时期，而债务名义利率则明显低于其他时期（见图 5.4，阴影部分面积表示 1942—1951 年的情况）。具体来看，1942—1951 年间债务名义利率平均值为 1.7％，通胀平均值为 6％；而 1923—1970 年间的其他时期②，美国债务名义利率为 2.8％，通胀平均值为 0.6％，可见，相对于前后可比时期，1942—1951 年期间，债务名义利率低 1.1％，通胀高 5.4％。

为了维持国债的低利率，美联储大举买入国债。二战时期，美联储持有的美国国债余额迅速增长，从 1941 年的 21.8 亿美元，上升到 1946 年的 238 亿美元，5年时间规模增长 11 倍（见表 5.5）。之后，随着战争结束，美联储持有的国债余额没有继续上升，但基本保持稳定。

---

① 该协定达成的详细经过参见 Hetzel and Leach（2001），声明的具体内容见 http://www.richmondfed.org/publications/research/special_reports/treasury_fed_accord/historical_documents/pdf/accord_announcement_03_04_1951.pdf。

② 1923—1970 年为 1942 年和 1951 年的前后 20 年左右的时间，用做参考基准。

表 5.5　美联储持有美国国债余额及同比增速(单位:亿美元)

年　　度	1941	1942	1943	1944	1945	1946
国债余额	21.8	26.4	71.5	149	218	238
同比增速	—	21%	171%	108%	46%	9%

资料来源:美国政府债务网站。

这表明,二战时期及二战后初期,美联储在降低美国政府债务负担方面扮演了重要角色,其直接购买国债并设定利率上限等政策,降低了债务利率,推高了通胀水平,使名义 GDP 快速增长,有效降低了美国政府债务。相比较而言,1996—2001 年期间,美联储没有采取措施主动去削减债务,这可以从两个数据得到验证,期间通胀率平均为 1.6%,债务名义利率平均为 4.3%。美联储没有发挥更多作用的主要原因是,这段时期联邦总负债率约 60% 左右,并不算很高。

5.2.7　二战后的美国债务削减——基于 VAR 的分析

在前面几小节中,我们用描述性统计和贡献度分解等方法,分析了美国债务削减的情况,为了解削减方式对债务削减的动态影响,并解决变量的内生性问题,我们采用向量自回归(VAR)模型进行计量分析。我们的模型包含债务削减幅度、财政盈余、经济增长、通货膨胀和利率变量;其中,债务削减幅度为负债率变量的差分,财政盈余为赤字率的负数,经济增长和通货膨胀分别是实际 GDP 增速和通胀率,利率为债务加权利率的差分,代表利率的变动,因为前几个变量都代表变动量。样本区间是 1946—1974 年,计量软件是 Eviews6.0。

在建立 VAR 模型之前,需要对各变量进行单位根检验。在采用 Eviews6.0 默认参数的情况下,我们得出 ADF 单位根检验结果(见表 5.6),其中,回归模型带截距项,但不带趋势项。可以发现,财政盈余、经济增长、通胀和利率变量的 ADF 统计量,都小于 5% 显著性水平的 ADF 临界值,债务削减幅度变量的 ADF 统计量,则小于 10% 显著性水平的 ADF 临界值。可见,财政盈余、经济增长、通胀和利率变量在 5% 显著性水平上平稳。而债务削减幅度变量在 10% 显著性水平上平稳,也可认为是平稳变量。变量通过平稳性检验后,便可做 VAR 估计。

表 5.6　各变量的 ADF 单位根检验结果

	债务削减幅度	财政盈余	经济增长	通货膨胀	利率
ADF 统计量	−2.742 578	−6.794 958	−6.454 340	−3.101 806	−4.745 568
P 值	0.087 1	0.000 0	0.000 0	0.037 9	0.000 5

注:ADF 统计量在 5% 显著性水平的临界值为 −2.991 878,在 10% 显著性水平的临界值为 −2.635 542。

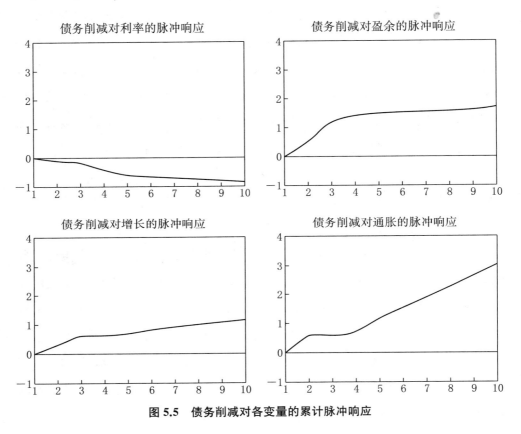

图 5.5　债务削减对各变量的累计脉冲响应

　　通过对模型进行 VAR 模型估计,图 5.5 给出了债务削减幅度对四种主要削减方式的累计脉冲响应函数。我们发现,1 个百分点的利率上升会导致债务削减幅度第二年下降 0.13 个百分点,1 个百分点的财政盈余会导致债务削减幅度第二年上升 0.49 个百分点,1 个百分点的经济增长会导致债务削减幅度第二年上升 0.29 个百分点,1 个百分点的通胀会导致债务削减幅度第二年上升 0.61 个百分点。可见,在四种削减方式中,通胀对债务削减的短期影响最大。另外,通过观察累计脉冲响应图,我们可以发现,通胀对债务削减的长期影响也最大。

表 5.7　债务削减幅度的方差分解结果

时期	债务削减幅度	财政盈余	经济增长	通货膨胀	利率
1	100.000 0	0.000 000	0.000 000	0.000 000	0.000 000
2	91.718 66	2.832 999	0.964 062	4.299 579	0.184 703
3	86.306 43	7.778 084	1.866 774	3.840 758	0.207 949
4	85.333 80	8.104 598	1.845 791	3.964 214	0.751 599
5	83.000 83	7.906 562	1.818 889	6.116 772	1.156 945
6	82.071 19	7.765 000	1.958 095	7.061 764	1.143 948
7	81.022 64	7.662 019	2.019 243	8.153 526	1.142 572
8	79.713 00	7.547 590	2.045 948	9.510 563	1.182 903
9	78.528 00	7.470 097	2.061 926	10.767 87	1.172 111
10	77.279 45	7.388 577	2.103 972	12.056 35	1.171 648

我们还可以对 VAR 模型估计进行方差分解,其中对债务削减幅度变量的方差分解结果见表 5.7。我们发现,除了债务削减幅度本身的贡献以外,四种主要削减方式中,通胀的贡献最大,第 2 期贡献为 4.3 个百分点,高于财政盈余的 2.8 个百分点,经济增长的 1.0 个百分点以及利率的 0.2 个百分点;长期贡献也是如此,第 10 期的贡献中,通胀为 12.1 个百分点,高于财政盈余的 7.4 个百分点,经济增长的 2.1 个百分点以及利率的 1.2 个百分点;可见,无论是从短期来看,还是从长期来看,通胀对美国二战后的债务削减贡献都最大。

简言之,无论是从脉冲响应还是从方差分解来看,VAR 估计结果都表明,通胀在二战后美国债务削减中扮演了关键角色,这验证了前面描述性统计分析和贡献度分解所得出的结论。

5.3 "PIIGS 五国"经验

本节分析目前深陷欧债风波的 5 个国家的情况,它们是希腊、葡萄牙、爱尔兰、西班牙与意大利。表 5.8 列出了这 5 国不同时期通胀、名义与实际经济增速以及总赤字率的平均值,包括各债务削减阶段以及整个样本时期(1901—2010 年)。

　　首先看希腊。20 世纪以来,希腊有三次幅度较大的债务削减经历。1904—1911 年期间,负债率从 213％ 下降到 89.6％;1922—1927 年期间,负债率从 68.5％ 下降到 34.1％;1931—1937 年期间,负债率从 138.8％ 下降到 87.7％。其中,1931—1937 年期间出现了内债与外债违约,该过程一直持续到二战后,致使其在 1950 年的负债率降至 11.3％。另外两段时期都没有出现违约,但 1904—1911 年期间各削减变量的数据缺失,无法对不同削减方式作出比较。

　　1922—1927 年间,希腊名义 GDP 增速为 27％,总赤字率为 3.5％,表明名义 GDP 的大幅增长是这段时期希腊债务削减的主要原因。名义 GDP 的快速增长主要由通胀驱动。1922—1927 年间,通胀平均值为 23.7％,不仅明显高于实际经济增速的平均值 3.3％,还显著高于整个样本时期的通胀平均值 8％,同期,经济增长与赤字差异仅为 1.3％ 与 3.8％,表明通货膨胀差异是希腊这段时期债务有效削减的关键。

　　其次看葡萄牙。样本时期,葡萄牙有两次幅度较大的债务削减经历,分别是 1906—1924 年与 1933—1946 年期间。其中,1906—1924 年期间,负债率从 64.6％ 下降到 9.6％;1933—1946 年期间,负债率从 48.1％ 下降到 15.6％;没有出现违约。奇特的是,这两次债务削减分别贯穿两次世界大战。

　　1906—1924 年与 1933—1946 年期间,葡萄牙名义 GDP 增速分别为 23.6％ 与 8.1％,总赤字率分别为 1.9％ 与 －0.9％,虽然赤字总体水平不高,而且在 1933—1946 年期间出现了财政盈余,但名义 GDP 的增长仍然是这两段时期葡萄牙债务削减的主要原因。两个阶段名义 GDP 的快速增长均主要由通胀驱动,1906—1924 年与 1933—1946 年期间,葡萄牙通胀平均值分别为 22.2％ 与 5.9％,均高于整个样本时期的平均值 4％,同期,经济增长分别为 1.4％ 与 2.2％,还低于整个样本时期的平均值 3.6％。

　　再看爱尔兰。爱尔兰也有两次债务削减经历,分别是 1966—1973 年与 1987—2007 年期间。其中,1966—1973 年期间,负债率从 78.1％ 下降到 52.1％;1987—2007 年期间,负债率从 112.4％ 下降到 19.8％;没有出现违约。

　　1966—1973 年与 1987—2007 年期间,爱尔兰名义 GDP 增速分别为 12.9％ 与 9.4％,总赤字率分别为 3.7％ 与 0.5％,表明名义 GDP 增长仍是债务削减主因。1966—1973 年间,爱尔兰名义 GDP 的增长主要由通胀驱动,期间通胀平均值为 7.5％，高于实际经济增速的平均值 5.4％，也高于整个样本时期的通胀平均值 3.7％。可见，通胀在爱尔兰债务削减中扮演过重要角色。

接下来看西班牙。20 世纪，西班牙有两次幅度较大的债务削减经历，分别是 1902—1920 年与 1945—1973 年期间。其中，1902—1920 年期间，负债率从 128％下降到 44.4％；1945—1973 年期间，负债率从 69.6％下降到 15.5％；没有出现违约。

1902—1920 年与 1945—1973 年期间，西班牙名义 GDP 增速分别为 4.7％与 13.5％，总赤字率分别为－2％与 1.9％。可以发现，1902—1920 年期间，西班牙出现较大财政盈余，尽管如此，名义 GDP 的增长仍是这段时期债务削减的主因。1945—1973 年期间，名义 GDP 增速则快得多，明显高于整个样本时期的 6.6％，这源于较高的通胀水平，期间通胀平均值为 7.7％，高于经济增长平均值 5.8％。

最后看意大利。样本时期，意大利有三次幅度较大的债务削减经历，分别是 1902—1912 年、1921—1926 年，与 1942—1947 年期间。其中，1902—1912 年期间，负债率从 97.6％下降到 68.9％；1921—1926 年，负债率从 153％下降到 87.9％；1942—1947 年期间，负债率从 129％下降到 25.4％。其中，1942—1947 年期间，意大利出现外债违约，另外两段时期都没有违约。

1902—1912 年与 1921—1926 年期间，意大利名义 GDP 增速分别为 5.3％与 8.4％，总赤字率分别为 1.3％与－2.9％。其中，1921—1926 年期间，驱动名义 GDP 增长的因素中，通胀占主导，期间通胀平均值为 4.4％，高于经济增长平均值 4％。

上述分析表明，除了个别样本外，债务削减片段，名义 GDP 的增长都快于基准时期，并且各国存在不同程度的赤字，而名义 GDP 的快速增长主要来源于通胀。

对比 5 个国家的情况，我们发现，1901—2010 年期间，意大利平均通胀水平最低，平均为 3.3％，其次为爱尔兰、西班牙和葡萄牙，分别为 3.7％、3.9％与 4％，总体来看，相差并不大，通胀水平最高的是希腊，其平均 8％的水平令其他国家望尘莫及，我们注意到，1901—2010 年期间不包括两次世界大战期间与滞涨这样的高通胀时期，如果包含在内，希腊的平均通胀更高。另外，希腊的财政赤字平均值高达 7.3％。可见，希腊的财政政策与货币政策是"PIIGS 五国"中最宽松的，这也可解释欧债危机中问题最严重的国家为何是希腊。

从债务削减经历来看，情况也类似。在两次债务削减历程中，意大利的平均通胀水平都不高,分别为 1.3%与 4.4%;其次是爱尔兰,分别是 7.5%与 2.9%;再次是西班牙,分别是 3%与 7.7%;然后是葡萄牙,分别是 22.2%与 5.9%,最后是希腊,为 23.7%。

表 5.8 "PIIGS 五国"的债务削减

国　家	时　　期	债务占 GDP 比(%)			不同变量平均值(%)			
		起点	终点	差值	通胀	实际增长	名义增长	赤字
希　腊	1922—1927 年	68.5	34.1	34.4	23.7	3.3	27	3.5
	1901—2010 年	—			8	4.6	13.9	7.3
葡萄牙	1906—1924 年	64.6	9.6	55	22.2	1.4	23.6	1.9
	1933—1946 年	48.1	15.6	32.5	5.9	2.2	8.1	−0.9
	1901—2010 年	—			4	3.6	7.6	2.9
爱尔兰	1966—1973 年	78.1	52.1	26	7.5	5.4	12.9	3.7
	1987—2007 年	112.4	19.8	92.6	2.9	6.5	9.4	0.5
	1901—2010 年	—			3.7	3.2	6.9	3.4
西班牙	1902—1920 年	128	44.4	83.6	3	1.7	4.7	−2
	1945—1973 年	69.6	15.5	54.1	7.7	5.8	13.5	1.9
	1901—2010 年	—			3.9	2.7	6.6	3.3
意大利	1902—1912 年	97.6	68.9	28.7	1.3	4	5.3	1.3
	1921—1926 年	153	87.9	65.1	4.4	4	8.4	−2.9
	1901—2010 年	—			3.3	3.4	6.7	3.5

注:1901—2010 年的平均值不包括两次世界大战期间与滞涨时期,因为这三段时期的通胀水平特别高,可比性不是很强。另外,部分国家部分时段的债务数据确实,因为 1901—2010 年的平均值也不包括这段时期。

资料来源:负债率与违约数据来源于 Reinhart and Rogoff(2010b),GDP、赤字及通胀数据来源于帕尔格雷夫世界历史统计(1750—1993 年)、Maddison(2010)以及 Reinhart and Rogoff(2010b)。

5.4　其他重要国家经验

除了美国与"PIIGS 五国"以外,重要的发达国家还包括英国、日本、法国和德国。其中,英国和日本是世界经济与政治的重要力量,法国与德国是欧元区的核心国家。表 5.9 列出了这几国不同时期通胀、名义与实际经济增速以及总赤字率的平均值，包括各债务削减阶段以及整个样本时期（1901—2010 年）。

表 5.9　其他重要国家的债务削减

国　家	时　期	债务占 GDP 比（%）			不同变量平均值（%）			
		起点	终点	差值	通胀	实际增长	名义增长	赤字
英　国	1947—1992 年	237.9	24.6	213.3	6.8	2.4	9.2	1.9
	1901—2010 年		—		1.9	2	3.9	0.7
日　本	1905—1919 年	69.1	22.3	46.8	7.5	4.7	12.2	0.1
	1901—2010 年		—		2	4.4	6.4	5
法　国	1905—1913 年	92.4	66.3	26.1	1.9	2.6	4.5	0
	1922—1929 年	261.8	139.9	121.9	10.5	4.6	15.1	8
	1901—2010 年		—		3.7	3.2	6.9	3.5

注：1901—2010 年的平均值不包括两次世界大战期间与滞涨时期，因为这三段时期的通胀水平特别高，可比性不是很强。另外，部分国家部分时段的债务数据确实，因为 1901—2010 年的平均值也不包括这段时期。

资料来源：负债率与违约数据来源于 Reinhart and Rogoff（2010b），GDP、赤字及通胀数据来源于帕尔格雷夫世界历史统计（1750—1993 年）、Maddison（2010）以及 Reinhart and Rogoff（2010a）。

首先看德国。从负债率数据来看，德国负债率一直都比较低，且没有债务削减经历。但两次世界大战期间及战后初期，德国的负债率数据缺失，如果考虑这两段时期，德国也有债务削减经历。一战后德国欠了大量外债，导致其在 1923 年出现了极高通胀。二战后，德国也出现了较高通胀水平，1946—1949 年期间，德国通胀平均值为 19.8%，并出现了内外债违约。

其次看英国。20 世纪以来，英国有两次幅度较大的债务削减经历，分别是 1933—1940 年与 1947—1992 年期间，其中，1933—1940 年期间出现了外债违约。1947—1992 年间，负债率从 237.9% 下降到 24.6%，幅度非常大，持续时间也很长。

1947—1992 年间，英国名义 GDP 增速为 9.2%，总赤字率为 1.9%，表明名义 GDP 的大幅增长是这段时期希腊债务削减的主要原因。名义 GDP 的快速增长主要由通胀驱动，期间通胀平均值为 6.8%，不仅明显高于实际经济增速的平均值 2.4%，还显著高于整个样本时期的通胀平均值 1.9%，同期，经济增长与赤字差异仅为 0.4% 与 1.2%，表明通货膨胀差异是英国这段时期债务有效削减的关键。

再看日本。与英国一样,日本也有两次幅度较大的债务削减经历,分别是1905—1919 年与二战后,其中,二战初期债务数据缺失,但数据显示这段时期日本出现了高通胀。1905—1919 年期间,负债率从 69.1％下降到 22.3％,期间名义GDP 增速为 12.2％,总赤字率为 0.1％,表明名义 GDP 的高增长是债务削减主因。名义 GDP 增长主要由通胀驱动,期间通胀平均值为 7.5％,不仅高于实际经济增速的平均值 4.7％,还显著高于整个样本时期的通胀平均值 2％。

最后看法国。样本时期,法国有两次幅度较大的债务削减经历,分别是1905—1913 年与 1922—1929 年期间。其中,1905—1913 年,负债率从 92.4％下降到 66.3％,1922—1929 年,负债率从 261.8％下降到 139.9％。

1905—1913 年与 1922—1929 年期间,法国名义 GDP 增速分别为 4.5％与15.1％,赤字率分别为 0 与 8％,可见,名义 GDP 的快速增长是法国债务削减的主要原因。第一次债务削减幅度相对较小,仅为 26.1％,因为这段时期的名义GDP 增速也慢一些。在 1922—1929 年期间,名义增速高达 15.1％,其主要驱动力是通胀,期间通胀平均值为 10.5％,明显高于其他时期。

以上分析表明,美日欧等重要国家的经验均验证了前一部分的主要结论,即名义 GDP 的快速增长是债务削减主因,其主要驱动因素为通货膨胀。另外,在主要的债务削减方式中,通胀差异是影响削减幅度大小的关键因素。

5.5 本章小结

为了验证第 4 章结论,并了解各国债务削减的具体情况,本章对部分发达国家的经验做了详细分析。当前与债务问题有关的重要国家有美国、英国、日本,欧元区的法国、德国、希腊、爱尔兰、葡萄牙、西班牙和意大利。

对美国的经验做了详细论述,其中,不仅考察了经济增长与通胀的作用,还考察了利率与基本赤字在债务削减中的作用。方法包括分类比较、贡献度分解、VAR 时间序列分析,以及历史具体政策分析等。

二战后的美国政府债务削减过程中,适度通胀与金融抑制的组合发挥了突出作用。联邦总负债率从 1946 年的 122％下降至 1974 年的 32.3％,期间通胀率平均为 3.3％,债务加权名义利率平均为 2.6％,实际利率为－0.7％。在债务最高的 1946—1952 年间,负债率从 122％降至 72.3％,期间通胀平均值为 4.4％,债务加权名义利率平均为 1.7％,实际利率为－2.7％,远低于其他时期。实际利率为负是这段债务削减时期的重要特征,而它是通胀与金融抑制搭配所产生的结果。

对美国、"PIIGS 五国"与其他重要国家的研究结果,都验证了前一部分的主要结论,即名义 GDP 的快速增长是债务削减主因,其主要驱动因素为通货膨胀。在主要的债务削减方式中,通胀差异是影响削减幅度大小的关键因素。

第6章 发达国家主权债务的削减:未来前景

6.1 发达国家的债务前景

2011 年,美国政府负债率为 103%,日本政府负债率为 211.7%,欧元区整体负债率为 87.3%,其中,德国政府负债率为 80.5%,法国政府负债率为 86%①。许多研究表明,发达国家债务将会在未来几十年继续增长。主要由于人口老龄化等因素导致的医疗成本的上升,而债务长期利率的回归,经济增速的下移与正在发生的危机等都增加了政府的债务负担。

医疗支出的上升是发达国家政府面临的共同挑战。它是对发达国家未来几十年债务具有系统性影响的、目前公认的最重要因素。医疗成本的上升主要有三个原因:人口老龄化,因为老龄人比年轻人需要更多的医疗服务;医疗技术的进步,它扩宽了患者的选择,但也增加了成本;医疗政策和制度的变化,随着医疗保险覆盖面的扩大,更多的人享受到好的医疗服务,但也增加了政府支出。IMF(2010)研究表明:自 1970 年以来,发达国家公共医疗开支占 GDP 比重增加了约 4%,在所有非利息支出增量里面占一半;同时预计,按照现行的公共医疗体

① 数据来源于专业的数据服务商 Trading economics。

制，发达国家在接下来 20 年公共医疗开支占 GDP 比重将再增加 3%，在未来 40 年则增加 6.5%，从而使 2011—2050 年的累计财政负担增加 GDP 的 100%。

债务的长期利率上升是另一项重要挑战。目前，在货币政策极度宽松以及避险情绪背景下，发达国家长期利率处在历史低位。2012 年 12 月，美国 10 年期国债收益率约 1.7%，德国 10 年期国债收益率约 1.4%，日本 10 年期国债收益率约 0.8%。除非极端的宽松货币政策继续保持，否则这样的低利率状态很难持续。1912—2012 年间，美国 10 年期国债收益率平均值为 6.5%；1989—2012 年间，德国 10 年期国债收益率平均为 5.8%；1987—2013 年间，日本 10 年期国债收益率平均为 2.6%①。

许多研究还表明，随着债务的膨胀，长期利率也会显著上升。Engen 和 Hubbard(2005)发现，美国债务每增长 1 个百分点，其长期实际利率上升大约 3—5 个基点，Laubach(2009)以及 Gale 和 Orszag(2004)的估计结果极为接近。对发达国家整体的估计结果也表明了类似的情况，Kinoshita(2006)对 OECD 的估计表明，债务增长 1 个百分点，长期实际利率上升大约 2—5 个基点，Gruber 和 Kamin(2010)对 G7 国家的估计表明，债务增长 1 个百分点，长期实际利率上升大约 2 个基点。利率的上升又会增加债务负担，可见，债务的增长和利率上升可能构成恶性循环，最终使债务失控。

经济增速的下移也是一项挑战。目前，危机正在继续，尤其是欧洲和日本仍陷于衰退之中，欧债问题短期难有解决良方，短期经济增长不容乐观。不仅如此，发达国家的长期经济增速也面临下降风险。随着人均收入的提高，边际产出在逐步递减，全球制造常态化的产能过剩也使得投资动力不足，另外，资源约束日益明显，潜在的不利供给冲击随时可能发生，这些因素都使发达国家长期经济增速面临下降压力。

6.2 发达国家未来债务削减方式展望

在发达国家政府债务膨胀的背景之下，未来可能的债务削减方式是什么？

———————————

① 来源于专业的数据服务商 Trading economics。

我们以削减方式分类来阐述美日欧三大经济体的未来选择。

为了更清晰地理解发达国家债务削减的方式,我们在分析过程中对各削减方式进行了评级,从半颗星到五颗星,星越多代表对该削减方式的依赖程度越高,其中半颗星用☆表示,一颗星用★表示。

6.2.1 违约的作用

由于违约在历史上并不鲜见,因而我们有理由认为它未来会继续发生。事实上,它已经发生了。2012 年 3 月希腊债务减记,虽然名义上是投资者自愿减记,但也构成了事实上的违约。我们可以猜测,下一个是谁? 也许还是希腊,也许是葡萄牙或西班牙等。总之,发达国家中,"PIIGS 五国"目前违约的概率最大,因为它们没有太多选择。经济不景气,财政紧缩困难重重,通胀不能自由控制,金融抑制空间也有限,因为其银行已经十分脆弱,继续购买其国债空间不大。由此,我们给予"PIGGS 五国"违约四颗半星的评级,没有给予五颗星评级是因为意大利违约概率相对小一些。

尽管"PIIGS 五国"违约概率较大,但我们认为,对美日德法四国而言,在主要削减方式中,违约的概率最小。因此,给它们的评级都是一颗星或半颗星,明显低于其他削减方式。

表 6.1 美日欧三大经济体未来债务削减方式评级

	美 国	欧元区(德法)	欧元区(PIIGS)	日 本
违 约	☆	★	★★★★☆	★
经济增长	★★☆	★★	★★	★☆
财政紧缩	★★★	★★★★	★★★★☆	★★
金融抑制	★★★★☆	★★★★	★★★★	★★★☆
通货膨胀	★★★★☆	★★★☆	★★★☆	★★★★★

注:☆表示半颗星,★表示一颗星。星越多代表对该削减方式的依赖程度越高。

对美国而言,其政府债务几乎全部以美元计价,危机时美联储可以充当最后贷款人,另外,违约会使美元国际储备货币地位严重受损,并对美国国际影响力造成伤害,因此美国国债违约概率较小。当然,也存在这种可能,即美国与某国发生大的冲突或战争，从而对该国持有的美国国债进行特殊处理，比如暂时冻结。尽管美国国债违约概率较小，但也不能排除违约的可能性，因为历史上，美国出现过违约，1790年，美国内外债违约，1933年美国调整美元与黄金兑换比率的行为也被视为违约（Reinhart and Rogoff，2010b）。综合来看，我们给予美国国债违约半颗星的评级。

欧元区的德国和法国国债违约概率也不大，这有三方面原因：一是它们大而不倒；二是违约会对欧元信用造成致命打击；三是德法在欧元区话语权很强。与"PIIGS五国"不同，如果这两国发生债务危机，欧央行将全力救助。不过，由于经济增长不如美国，共同货币导致协调困难，所以违约概率大于美国，另外考虑到1800—2010年间，德国违约4次，法国违约2次（Reinhart and Rogoff，2010b），我们给予德法两国国债违约一颗星的评级。

日本国债违约概率也不大，这有两方面原因：一是日本国债大多以日元计价，危机时日本央行可充当最后贷款人；二是日本国债大多被国内投资者持有。但日本经济前景较差，而且长期面临通货紧缩，另外，日本在二战时期出现过内外债违约（Reinhart and Rogoff，2010b），所以，给予日本国债违约一颗星的评级。

6.2.2 经济增长的作用

通过经济增长削减债务最理想。相对于其他削减方式而言，它基本上没有副作用，而且中期来看，各国经济都在增长。所以在美日欧三大经济体的未来债务削减中，经济增长均会发挥一定作用。从人口结构和劳动生产率等因素来看，美国的经济增长前景在三大经济体中最好，欧元区其次，日本相对较差。

但经济增长作为一种债务削减方式，更多的处于一种被动地位。因为政府主动刺激经济增长的空间不大。长期来看，政策是中性的，不会改变经济潜在增速。短期来看，政府可以刺激经济，但高债务时期财政政策空间有限，衰退期货币政策常常失灵，而其他结构政策又面临很大阻力。可见，高债务时期，即使短期刺激政策也变得相当困难。

综合来看，关于经济增长在未来债务削减中的作用，我们给予美国两颗半星的评级,给予欧元区两颗星的评级,给予日本一颗半星的评级,在主要削减方式中仅高于违约。

6.2.3　财政紧缩的作用

财政紧缩是美日欧三大经济体未来削减债务的必选项。因为高债务问题产生的直接原因便是财政过度扩张,当债务压力出现时,要求财政整顿的呼声必然比较强烈。尽管平衡预算的古典财政理念早已远离我们,但财政紧缩将依然是各国政府的自然反应,因为这最能体现政府削减债务的决心。

所以从希腊债务危机爆发至今,欧元区各国都实行了较为严厉的财政紧缩,美国和日本力度相对小一些,但也在紧缩。从财政赤字率的变化来看,2009—2012 年,欧元区财政赤字率分别为 6.3%、6.2%、4.2% 和 3.5%,下降速度很明显;同期美国的财政赤字率分别为 10.1%、9%、8.7% 和 7%,呈逐步递减态势;2009—2011 年间,日本财政赤字率分别为 10.5%、9% 与 9.5%,也在下降[①]。

随着经济逐步好转,各国的财政紧缩预计会继续,我们预计欧元区的财政紧缩将最严厉,尤其对"PIIGS 五国"等问题国家而言。一方面因为其离危机最近,另一方面,欧元区的债务削减可选方式少于美国或者日本。三大经济体中,日本财政紧缩力度将最小,因为其经济前景不佳,财政紧缩空间有限。

但是,财政紧缩也难以在发达经济体债务削减中发挥关键作用,这有三方面原因。首先,各国均面临医疗成本的刚性上涨压力,这由于其医疗科技的进步、医保覆盖面的扩大以及婴儿潮一代人的逐渐老去;其次,财政紧缩的政治压力颇大,一方面,财政紧缩不利于短期经济,另一方面,通过支出削减还是增加税收,以及对谁增税等问题方面,会引起政党之间的激烈争论,美国的财政悬崖谈判即鲜明的体现了这一点;最后,发达国家财政存在明显的扩张容易收缩难情况,从历史经验来看,也很少有国家出现持续的财政收支盈余。对三大经济体而言,理想的情况也许是,维持赤字在合理水平,并通过其他方式来削减债务。

综合来看,我们给予欧元区中"PIIGS 五国"财政紧缩四颗半星评级,德法两

---

① 日本 2012 年赤字率数据缺失,2011 年赤字率偏高可能和地震后的灾后重建有关。欧元区、美国和日本赤字率数据均来源于专业数据服务商 Trading economics。

国四颗星评级，美国三颗星评级，日本两颗星评级。

6.2.4　金融抑制的作用

金融抑制是发达国家未来削减债务的另一个必选项。如果放任市场自由选择，债务长期利率的上升将是大概率事件，我们对债务前景的分析中已经证明了这一点。在高债务基数下，债务的利息负担可能压垮一国政府。这正是意大利目前所遭遇的问题，意大利近几年基本财政赤字与危机前差异并不大，但希腊等国发生的危机推升了意大利国债利率，使其陷入目前的困境。因此，在债务逐步上升的过程中，适当压低利率将是一个十分重要的选项，这即为金融抑制。

目前来看，发达国家普遍实施了金融抑制政策。无论是量化宽松（QE），还是扭转操作（OT），美联储都明确提出购买美国长期国债，以压低国债收益率，尽管其理由是刺激就业和经济增长，但在客观上降低了美国政府的债务负担。相比美国而言，日本更胜一筹，经过多轮量化宽松后，日本政府于 2013 年 1 月宣布"无限量"的资产购买计划。欧洲央行尽管没有明确提出量化宽松政策，但也通过直接证券购买（SMP），长期再融资（LTRO）等方式设法降低政府债务利率。西班牙与意大利等国银行甚至受到政府压力，要求其购买本国国债。可见，金融抑制已经非常明显。

金融抑制相对于其他债务削减方式而言，有其特别的优点。它不像违约那么具有危害性，也不像通胀那么引人注目；它不像财政紧缩那么艰难，也不像经济增长那么不可控制。不会有人抱怨国债收益率过低，因为国债收益率是无风险利率，国债收益率低的同时，民众的房贷利率也低，企业的借款利率也低。金融抑制的优点如此明显，以致其在未来债务削减过程中，将必然成为各国重要的选项。

综合来看，我们给予美国金融抑制四颗半星评级，欧元区各国四颗星评级，日本三颗半星评级，在主要债务削减方式中，高于违约、经济增长和财政紧缩，与通货膨胀相当，我们认为这是发达国家未来债务削减方式的主要方式之一。日本评级在三大经济体中偏低，是因为日本利率一直很低[①]，但债务却持续攀升，所

---

① 　2012 年日本的 10 年期国债收益率约为 0.8％。

以金融抑制作用有限,空间也有限。欧元区对金融抑制的依赖度也比美国低,是因为欧元为共同货币,实施金融抑制存在协调上的困难。

6.2.5 通胀的作用

通胀将会在发达国家未来债务削减中担当重任。本书前面的分析表明,由于一国难以做到持续的财政盈余,所以名义 GDP 的快速增长仍将是降低负债率的主要方式。在驱动名义 GDP 增长的两个因素中,实际增长围绕潜在增速而波动,且高债务常常伴随着低增长,所以对发达国家来说,削减债务最有回旋余地的方式之一便是通货膨胀。历史经验已经表明了这一点,通胀差异是影响发达国家债务削减幅度大小的关键因素。

尽管金融抑制很重要,但通胀发挥的空间大于金融抑制。利率有下限,一般为零,但通胀无上限。当一国债务失控或有失控风险时,降低债务利率只能取得缓慢而有限的成效,以美国目前的利率为例,10 年期国债利率已经降至 1.7%,即使金融抑制的政策加码,利率继续下降的空间也有限。日本更是如此,其 10 年期国债收益率约为 0.8%,继续下降空间更有限,不可能仅仅依靠金融抑制来解决债务困境。而通胀则不然。只要一国的通胀比平常时期高 2%,持续几年便可对债务产生明显影响。如果能够出现一次未预期的较高通胀水平,如 10%,则能大幅削减债务。

有人担忧通胀的其他成本,如财富再分配与菜单成本等。但这种担忧有些过度,如果不能有效解决其债务,债务失控恐怕是迟早的事,债务危机产生的危害远大于适度通胀的成本。对发达国家而言,其债务中有相当大的比重被外国投资者持有,通胀导致的再分配对他们有利。而通胀在发达国家民众之间的再分配效应,可以通过政府的转移支付政策来应对。

对于美国而言,通胀将在未来的债务削减中扮演重要角色,这有四方面原因:(1)美国国债有近一半被外国投资者持有,美国政府有债务货币化的动机;(2)美国货币政策是就业和通胀双重目标制,失业率高企时,宽松货币政策名正言顺;(3)相比于违约和财政紧缩等削减方式,适度通胀的成本和实施难度较低;(4)美元是国际中心货币,地位难以动摇,因而有更灵活的选择。目前的情形便印证了这一点,近两年,美国 CPI 水平大部分时间在 2%—4% 之间,但 QE3 和 QE4 正是在这样的背景下推出的。通过对美国二战后债务削减经验的考察,我们也发现,通胀在美国政府债务削减过程中扮演了重要角色。因此,我们给予美国通胀四颗半星的评级。

在三大经济体的未来债务削减中,我们认为日本对通胀的依赖程度最高,因此,我们在表 6.1 中给出了唯一的五星级评级。一是因为日本债务压力最重;二是因为日本长期受通货紧缩困扰[①]。设想其年通胀水平上升至 5%,不仅会使其摆脱通货紧缩困境,帮助其迅速稀释债务,而且还能通过日元贬值而获益。有人担心通胀上升会导致日本债务利率上升,从而使债务失控。但这种担忧没有必要,因为只要通胀上升速度快于利率上升速度,即可保证日本政府负债率不上升,如果通胀上升,有金融抑制的配合,就很容易达到这个目标。

对欧元区而言,通胀在债务削减中的贡献将在三大经济体中最低,这主要有四方面原因:(1)欧元区是由不同国家构成的集合体,通胀将使共同货币信誉受损,不利于欧元区一体化的进程;(2)欧央行货币政策专注于通胀目标,在德国央行的纪律之下,制造通胀的能力和意愿大大降低;(3)欧元区由多个国家组成,通胀意味着财富在国家间的再分配,这在政治上有障碍;(4)对问题国家的纵容可能会使日后领导起来更加困难,况且各国之间情况有差异,通胀不能解决共同的问题。所以在未来债务削减中,我们给予欧元区通胀的评级为三颗半星。

值得强调的是,发达国家未来普遍出现的将是适度通胀,而非恶性通胀。这可以从发达国家债务削减的历史经验中得出结论,因为适度通胀成本远低于恶性通胀。

总体来看,我们认为,未来美国将主要采用金融抑制和适度通胀相结合的方式来削减债务,评级均是四颗半星;财政紧缩和经济增长也会做出一定贡献,评级分别是三颗星和两颗半星;违约概率则较小,评级为半颗星。日本未来将更多依靠通胀来削减债务,评级为五颗星;金融抑制也将发挥重要作用,评级为三颗半星;财政紧缩、经济增长和违约作用相对较小,评级分别两颗星、一颗半星和一颗星。欧元区内部有所差异,"PIIGS 五国"将主要依靠违约和财政紧缩来削减

---

① 1999 年至 2010 年间,日本有 8 年时间通胀率在零以下,2 年时间通胀率为零,数据均来源于 Reinhart and Rogoff(2010a),负债率指中央政府总负债率。

债务,评级均是四颗半星;金融抑制和通胀也将发挥一定作用,评级分别为四颗星和三颗半星;经济增长由于难以自由选择,因此评级为两颗星。德法两国将更多依靠金融抑制和财政紧缩来削减债务,评级均为四颗星;通胀和经济增长也将发挥一定作用,评级分别为三颗半星和两颗星;违约概率较小,评级为一颗星。

6.3　发达国家未来债务削减方式选择的潜在影响

通货膨胀与金融抑制这两种隐形的违约方式,将在未来发达国家债务削减中扮演重要角色,而二者共同依赖于宽松的货币政策。那么,发达国家的这种政策倾向将对世界经济和中国经济造成怎样的影响?

6.3.1　对世界经济的影响

1. 全球性通胀风险显著增加

当今世界有一个显著的特点,即主要的国际货币发行国都面临高债务问题。2011年,美国政府负债率为103%,日本政府负债率为211.7%,欧元区整体政府负债率为87.3%,英国政府负债率为85.7%,债务都在较高水平,而IMF等国际机构的预测表明,这些国家债务在未来一段时期依然面临上升压力。另外,IMF数据表明,美元、欧元、日元、英镑四种货币占国际货币绝大多数份额,2012年三季度,美元占全球储备货币的份额为61.8%,欧元占24.1%,英镑和日元各占4.1%,四种货币合计占全球储备货币份额的94.1%。

在这种情况下,这四国的宽松货币政策将产生共振效应,以至于出现全球性的货币泛滥。因而,通胀将是一个全球性问题,它不仅出现在发达国家,也将出现在发展中国家。首先,发达国家通胀会通过贸易渠道向发展中国家传导;其次,宽松货币引致的大宗商品价格上涨,给发展中国家造成通胀压力;再次,宽松货币政策将给发展中国家货币带来升值压力,为抑制本币过快升值,发展中国家普遍会进行汇率干预,其所产生的外汇占款将推升本国通胀水平;最后,资本大量流入发展中国家会增加国内货币供应量,形成通胀压力。

这种情况在最近 10 年频繁出现,每次发达国家实施宽松货币政策之时,发展中国家通胀压力总会随之增加。未来,在发达国家高债务面前,全球性的通胀风险将显著增加,这将造成财富再分配等通胀成本。

2. 国际金融秩序趋于紊乱

从历史经验来看,国际货币价值不稳定会造成全球性的金融秩序紊乱,金本位时期如此,布雷顿森林体系时期亦是如此。因为货币金融秩序的顶端是国际货币发行,它关乎全球资金的流动方向和速度,形成了各类外部冲击的源头。它主要表现在各类经济主体出现一种集体的不安全感,汇率波动加剧,资金流动速度加快,风险情绪波动加大,资产价格暴涨暴跌等。

当今的国际货币体系有一个重要特点,即信用货币充当国际货币,而信用货币又是美欧等发达国家的主权货币。当发达国家为解决国内问题而采取宽松货币政策时,全球金融秩序将不可避免的趋于紊乱。这将对全球经济造成不利影响,增加了发展中国家危机爆发的可能性,同时也增加了一些国家政治和军事冲突的可能性。

3. 大宗商品价格面临上涨压力

发达国家的宽松货币政策,使大宗商品价格面临上涨压力。首先,大宗商品大多以美元标价,美元币值的下降将导致大宗商品价格上涨;其次,相比于纸币而言,大宗商品是一种实物资产,从资产替换的角度来看,发达国家通胀也会导致大宗商品价格出现上涨压力;最后,全球流动性泛滥为大宗商品价格上涨提供了资金支持。

20 世纪 70 年代的两次石油危机很大程度上源于美元的贬值,实际美元价值缩水致使中东产油国石油收入锐减,导致其限产报价。21 世纪前 10 年大宗商品价格的暴涨也和美元币值不稳定密切相关。目前,不仅美元价值不稳定,欧元、日元和英镑价值也不稳定,这些国家实施的量化宽松政策都是史无前例的,这些因素给大宗商品价格上涨形成了合力。

大宗商品价格上涨将给发展中国家带来不利的供给冲击。中国、印度等快速发展的国家可能会面临经济上的挑战。对于一些高度依赖粮食进口的贫困国家,粮食价格的上涨可能会造成人道主义灾难,部分国家可能因为粮食价格上涨出现社会动乱和政权更替。

4. 发展中国家将面临显著的外部冲击

在发达国家采取宽松货币政策解决债务问题之时,受损最严重的无疑是发展中国家。一方面,它们是发达国家政府债务的持有者;另一方面,它们受到的外部冲击将明显增加。

这些外部冲击包括:大宗商品价格的上涨,资本流动速度的加快,发达国家货币竞争性贬值所导致的本币升值压力等。其中,资本流动速度的加快尤其可怕。发展中国家经济结构不完善,体量相对较小,资金快进快出所造成的危害极大。如果处理不好,容易出现 20 世纪 80 年代拉美式债务危机和 1997 年亚洲式金融危机。

6.3.2　对中国经济的影响

1. 全球将无安全的避风港,外汇储备损失难以避免

由于美国、日本、欧元区均面临债务问题,因此未来这几国的国债市场将不再安全,在通胀威胁面前,以这几国货币计价的其他资产安全性也大打折扣。由于发达国家通胀的溢出效应,发展中国家也将面临普遍性的通胀问题,因此,从全球范围来看,安全资产将十分匮乏,甚至几乎难以找到可供外汇储备投资的安全资产。

全球安全资产的严重缺失,使我国外汇储备损失难以避免。2012 年末,我国拥有 3.31 万亿美元外汇储备,其中,美元资产、欧元资产、日元资产、英镑资产占绝大部分。目前来看,这种损失已经发生,以公认的安全资产美国和德国国债为例。2012 年,美国十年期国债收益率平均约为 1.8%,通货膨胀平均为 2.3%,实际收益率为 −0.5%;德国十年期国债收益率平均约为 1.5%,通货膨胀率平均为 2%,实际收益率为 −0.5%;可见,两国国债收益率均为负。日元资产尽管目前来看收益率为正,但一方面日元出现了大幅贬值,另一方面日本央行正在实施极度宽松的货币政策,从而增加了未来通胀的可能性,这将使日本国债风险显著增加。

2. 不利冲击显著增加,外部环境不稳定性增强

目前,中国经济正处于发展与转型的关键时期,一个稳定的外部环境十分重

要。然而美欧等发达国家的宽松货币政策,使国际金融秩序不稳定的概率大增,这将给中国经济造成明显压力。中国面临的外部冲击风险包括大宗商品价格上涨、人民币升值、热钱流入和流出的压力等。

由于我国是大宗商品的重要买家,大宗商品价格上涨,不仅对我国短期经济增长不利,还给我国能源价格改革增加了压力。人民币升值压力的上升,短期内给我国出口造成负面影响,同时也使我国在增强人民币汇率弹性方面趋于谨慎。热钱大幅流入和流出,短期内增加了我国经济过热和衰退风险,同时还增加了房地产价格上涨压力,使我国经济结构进一步失衡。另外,热钱的快速流动,可能使我国正在进行的资本账户开放进程放缓。这些外部冲击的存在使我国经济增长和转型面临障碍。

3. 通胀与资产价格上涨压力增加,加大宏观调控难度

发达国家的通胀具有溢出效应,可能通过三个渠道推高我国通胀和资产价格:发达国家商品价格上涨使我国进口物品价格上升;大宗商品价格上涨使我国工业品价格上涨,进而传导至终端消费品;资本大量流入,导致我国流动性过剩,从而形成资产价格上涨和通胀压力。

通胀与资产价格的上涨,增加了我国宏观调控难度。我国宏观调控政策有多重目标,既要稳增长,还要控物价和保持房地产价格稳定等。如果房价、物价上涨和经济低迷同时出现,宏观调控将陷入两难境地,一方面,控制房价和通胀需要使用紧缩性政策,另一方面,紧缩性政策会导致经济更加低迷。

当然,发达国家量化宽松也可能给中国经济带来一些短期的正面效应,比如美国量化宽松政策加快了美国经济复苏进程,给中国经济增长提供了外部动力。但总体来看,发达国家的宽松货币政策给中国带来的负面影响更大,它使中国外汇储备面临损失,并加剧了中国经济波动和阻碍了经济转型等。

6.4 债权国的应对

宽松的货币政策将给世界经济和中国经济造成带来显著影响,但总体来看,

影响最广泛的是美国的宽松货币政策。其影响可分为两类,一是持有的美国国债面临损失风险,二是各国面临资本流出流入等外部冲击。

因此,应对之策主要从事前和事后这两个方面入手。从事前来看,主要采取一些措施来约束美国等国的不负责任行为,具体措施包括联合债权人与美国博弈;加强区域协作和人民币国际化来削弱美元霸权等。从事后来看,降低美国量化宽松所造成的危害,具体措施包括加强资金流入管理和优化外汇资产配置等。

6.4.1 联合债权人,与美国博弈

(1)在大额采购美国国债时,要求签订附加条款,对通胀行为进行约束、给予其他补偿或者购买美国的通胀保值。未来随着美联储减少购买美债,需求缺口仍需要其他国家央行去填补,在这种"定向增发"时,我们可以联合其他债权国央行与美国进行谈判,集中询价,让美国采取一些确保国债安全的措施,如多发行通胀保值国债等。

(2)联合债权人,抛售美国国债,给美国施加压力,或者进行几次大幅减持,让美国感受到压力。美国前财政部长保尔森在出版的回忆录《危崖之边》(*On The Brink*)中披露:"俄罗斯曾要求中国与其一起抛售美国房利美和房地美两家房贷公司的债券,以迫使美国出手拯救,但中国没有同意。他写道:这消息令人非常烦扰,因为大笔售出'两房'债券会令大众对这两家公司大失信心,动摇资本市场,我等到回家,置身安全环境才报告总统。"可见,美国对中国这样的投资者抛售美债会感到担忧,我们可以对美国施加压力。

(3)兑现。变现美国国债,尽管会面临一些损失,但早兑现损失可能小一些。在布雷顿森林体系崩溃前,法国提前到美国兑换黄金,而日本和德国出于维护和美国的关系,没有去兑换黄金。结果布雷顿森林体系崩溃后,黄金价格从1970年的35美元一盎司暴涨至1980年的600美元一盎司,可见,德国和日本为此承受了大量损失。如果未来美国出现较高通胀水平,则中国提前变现的损失可能会小一些。目前的问题是,变现美元之后难以找到更安全的资产。

(4)建立资产和负债方约束。《IMF章程》第八条第七节明确规定,会员国有在储备资产政策上合作的义务。在操作层面上,中国人民银行货币政策司姚

余栋(2013)建议建立资产和负债方约束:"一是资产方约束。就国际货币发行国中央银行的资产规模及增长幅度进行协商。这是 1974 年麦金农最早提出来的,麦金农 1982 年又做了进一步阐述,可称为'麦金农协商'。同时,在'麦金农协商'下,建立对国际货币发行国采取量化宽松的发起和退出协调机制。非国际货币发行国如果不购买国际货币发行国的债券,可以投资'SDR 替代账户',从而减轻对国际货币发行国债权资产的压力,促进储备多元化。其汇率风险由国际货币发行国和非国际货币发行国通过协商共同承担。二是负债方约束。约束海外基础货币,控制国际货币乘数。在建立'双基础货币统计体系'和考虑当时汇率的前提下,根据各发行国不同的国际货币乘数,估算出各国的海外基础货币供给'目标'。在《IMF 章程》第八条第七节规定下,各国际货币发行国的海外基础货币可以有一个国际规则。各国际货币发行国在 IMF 协助下,可探讨对海外基础货币的流动性通过发行'SDR 票据'的方式予以对冲。"

(5)还可以采取其他措施,如加强理论研究,给予美国道义上的压力和有理有据的舆论批评,在一定程度上制约美国的以邻为壑行为。

联合对象的选择方面,可以从三方面出发:第一,对美元收入高度依赖的国家,如沙特等产油国;第二,外汇储备多的国家,它们是重要债权人;第三,历来反制美国比较得力的国家,如俄罗斯和法国。总体来看,要联合一切可以联合的力量,共同对美国的债务货币化行为施压。

6.4.2 加强区域协作:来自 20 世纪 70 年代美元危机的经验

美元拥有某种超级特权,如果各国各自为政,则难以应对美元不稳定所造成的溢出效应。因此,加强区域和国际协作是重要的应对举措。这样的举措在历史上发挥过一定作用,20 世纪 70 年代,美元出现严重信任危机,当时美元贬值,美国通胀,给世界各国造成了不同程度的影响。许多国家采取了应对措施,其中,中东石油国和欧洲的合作案例值得我们借鉴。

1970 年以前,欧佩克还是一个较为松散的组织,没有对石油价格形成大的影响。然而由于美元贬值和中东战争等因素叠加,欧佩克开始发挥其影响力。1970 年开始,部分归咎于美联储的宽松政策,美元对内对外价值严重缩水。欧佩克国家决定协同作战，采取限产报价等措施，成功保持了石油出口的美元购买力。1970 年 12 月，欧佩克表示："考虑到主要工业化国家汇率的变化对成员国石油出口收入的负面影响，定价应该考虑这种变化。"1972 年 1 月，为了回应美元贬值，欧佩克决定将它们的原油标价提高 8.49%（Ramzi Salman，2004）。后来，欧佩克的多次提价也和美元贬值有很大关系。

在美元贬值时，欧佩克不仅考虑提价，还讨论了其他应对措施，包括采用其他货币为石油计价等。1977 年夏天，当美国财政部长布鲁克萨尔表示美元过于强势，引起了各国恐慌，阿拉伯国家开始考虑用另一种货币作为石油定价单位，并在不同场合多次讨论（巴里·埃森格林，2011）。

对于美元贬值，或许欧佩克国家比我国更紧张，因为它们的财政收入几乎全部与美元有关。因此可以说，它们已经形成了一整套应对美元贬值的方法，密切关注和研究它们的行动，加强和它们的合作，有助于我国应对美元未来可能发生的危机。

应对美元霸权和不稳定所带来的溢出效应，欧洲的反应是协同作战，加强区域协作。1972 年，欧共体的 6 个国家和另外 4 个国家参加了会议，一致同意在史密森协定基础上设置一个窄汇率波动区间，这一安排称为"洞中的蛇"，这种蛇形汇率制度，终于在 1979 年演变为欧洲货币体系，并最终演化为欧元。各国间不仅加强了区域货币协作，1978 年底，各成员国还考虑在 IMF 创建一个替代账户，以便有序地将美元储备转换为 SDR，直到沃尔克上任采取强势美元政策后，这些争论才逐渐结束（巴里·埃森格林，2011）。此外，欧洲人应对国际金融秩序紊乱导致银行倒闭的另一方法是共同协商，建立跨国的统一银行资本充足率，即为巴塞尔资本协定。

可见，在 20 世纪 70 年代的美元危机期间，加强区域协作是应对美元不稳定重要方式。值得注意的是，协作最有可能在如下四种情形中达成：（1）合作内容以技术为主，如央行的货币互换、巴塞尔资本协定等，原因是这些事情的谈判大多以专家为主，政治因素要小一些；（2）合作方式是制度性的，而非临时性的，这种合作有程序和先例，消除了交易成本；（3）合作是为了保留现有秩序和框架，因为各方已经付出了沉没成本；（4）有过其他方面成功合作经验的，更容易协作，即经常合作的国家容易继续合作（Eichengreen，Barry，2011）。因此，在未来的区域协作中,尽量以这四条为基准,找到协作各方的共同点和降低合作的门槛,例如在现有的 IMF 框架内或 G20 框架内寻找合作点。

6.4.3 优化外汇资产配置

在满足稳定汇率等基本目标前提下,我国外汇储备应优化资产配置,争取提高收益,减少损失,具体原则和措施如下。

(1)从主权债务削减方式结论得出的配置原则。我们的结论表明,发达国家未来普遍会采用通胀这一方式来解决债务问题。因此,我国的外汇资产配置可从以下几个方面入手:一是在实物资产和外汇资产的选择中,减少外汇资产,增加实物资产,但有流动性的实物资产有限,因此适度增加黄金储备;二是在外汇资产的选择中,适度增加优质的新兴经济体资产,减少发达国家资产,因为新兴国家债务水平普遍较低,不过新兴国家普遍有较高的通胀历史,因此,要精心挑选,重在购买新兴国家实物资产;三是在发达国家中,多配置一些资源型国家的外汇资产,如澳大利亚、加拿大和挪威,以及债务水平更低且有良好通胀历史的,如瑞士和德国等。

如果在美日欧三类国家资产中去配置,从通胀角度出发,首要是避开日元资产,因为我们的结论表明,日本未来将最依赖通胀;其次是减少美元资产,因为美国依靠通胀稀释债务的动机也较高;再次,在欧元区中,规避"PIIGS 五国"的资产,因为它们违约概率很高,重点配置德国、法国以及瑞士挪威等国资产。

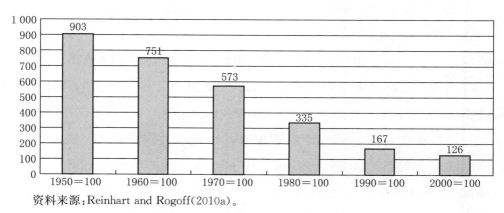

资料来源:Reinhart and Rogoff(2010a)。

图 6.1 从长远来看,持有美国国债成本高昂

2010 年各国物价指数(1990 年＝100)

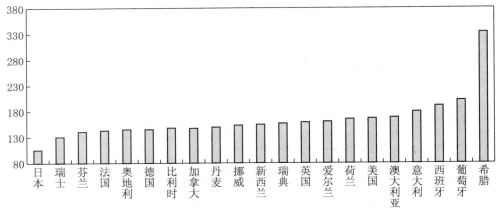

2010 年各国物价指数(2000 年＝100)

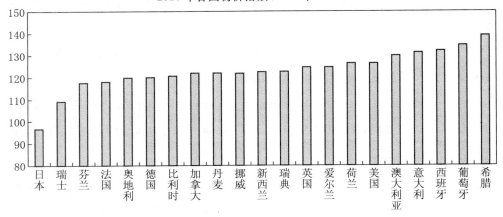

资料来源:Reinhart and Rogoff(2010a)。

图 6.2 近 20 年中,美国的通胀管理能力在发达国家中排名靠后

这不仅是基于我们研究结论的展望,而且从历史来看,在发达国家中,美元抗通胀能力也并不出色。1950 年至 2010 年,美国物价上涨了 9 倍(见图 6.1),1970 年至 2010 年,美国物价上涨了 6 倍,可见,持有美国国债成本高昂。美国国债并非完全没有替代品,从图 6.2 可以看到,在最近 20 年中美国通胀管理能力在发达国家中排名靠后,不及瑞士、德国、法国和加拿大等。

(2)借鉴私人部门抗通胀经验,采取缩短美元资产久期等措施。私人部门有丰富的抗通胀经验,当通胀来临时,私人部门会调整其资产结构,首先增加实物资产的购买,包括黄金等;其次会调整其债券资产的配置组合,包括减少长期债券持有量来缩短债券久期,规避通胀风险;另外,增加浮动利率债券的配置等。因此,在未来美国通胀压力上升之际,我们可以缩短美国国债久期和增加浮动利率债等方式来应对,在期限选择和配置方面加强管理,多借鉴私人部门的通胀管理经验。

（3）降低外汇储备。尽管从目前来看,美元存在中期走强的可能性,但从长远来看,美国在世界经济中的比重应该会不断降低,美元长期走弱是大概率事件,因此,趁美元走强的时机,采取有效措施推进汇率改革,加强国内需求等,实实在在降低外汇储备规模,这是避免外汇储备损失的最佳方式。

（4）逐步开放资本账户,藏汇于民。中国外汇储备过大,且首要目标是安全性和流动性,给资产配置造成了很大困难,因为全球货币体系的最大问题便是安全性和流动性俱佳的资产奇缺,这种双重目标实际上造成的结果是,我们的选择只有美国国债。因此,逐步开放资产账户,让企业和居民能够轻松获得外汇,将投资主体由单一的外汇储备管理局变成众多分散的企业和居民。这样一方面有利于外汇储备管理,减轻国内通胀压力,另一方面为国内企业和居民提供了良好财富保值增值渠道。

6.4.4　人民币国际化,削弱美元霸权

目前来看,还没有找到真正有效的方法来约束美国的货币政策,从 QE2 到 QE4 的推出都表明了这一点。美国货币政策基本上都基于其国内目标,在其他货币对美元构成挑战之前,美国将不会重视宽松货币政策所带来的国际负面影响。所以,最有力的约束美元超发的机制是削弱美元霸权,这包括加强区域货币协作、创建新的世界货币和人民币国际化等。从目前来看,人民币国际化最贴近现实。

发达国家量化宽松背景下,人民币国际化可以从三方面来改善中国未来的处境。第一,人民币国际化是降低美元影响力的重要举措,可以一定程度上改变美元独霸的局面,对美国货币政策形成一定约束;第二,可以降低我国对美元的依赖,使外汇储备免于积累和损失;第三,可以降低外部冲击对我国的影响,尤其是来自美国的货币冲击。

目前的发达国家货币信任危机给人民币提供了历史性机遇,而国内经济金融转型的迫切性也给人民币国际化提供了环境,因此,我们应当积极推进人民币国际化进程。即使不考虑到抗衡美元的目的,从长期来看,人民币国际化也是必然趋

势,因为很难想象有一天,中国 GDP 是美国的 2 倍时,人民币还不是国际货币。

6.4.5 加强资金流入管理等措施,减轻外部冲击影响

(1)加强资金流入管理,隔离冲击影响。关于资金流入管理,有许多相关文献,IMF(2011)介绍了资金流入管理的基本框架,以及一些国家资本管控的政策及其有效性,包括泰国、韩国和巴西等。中国也有一套有利的资本管控措施,如周小川的"池子论"和外汇管理局近期对虚假贸易的打击措施等。常见的措施还包括对短期资本流入征交易税,对外资的短期投资收益征税,包括房地产、股票和债券,以及降息等。

(2)健全中国经济肌体,抵御外部冲击。短期资本频繁流入流出新兴市场国家与套利交易有很大关系;但新兴市场国家的存在各种弊端和漏洞是受到关注的主要原因。因此,一个健康的中国经济是免受外部冲击最好方法。为什么每次危机过后,美国复苏势头最好,为什么每次危机之后,美国始终立于不败之地。这主要因为美国经济和社会问题最少,应对冲击能力最强。因此,中国应加强改革,健全经济肌体,这样方能有效抵御外部不利冲击。

(3)汇率波动幅度扩大,吸收外部冲击。固定汇率制至少给债权国带来两大危害,一是外汇储备积累,二是国内通胀压力增加。因此,扩大汇率浮动区间,既可以防止外汇储备过度积累,也可以增加货币政策独立性,减轻外部冲击带来的影响。

总之,在人口老龄化、长期利率回归和经济增速下移等背景之下,发达国家未来债务上升势头难以避免,对发达国家来讲,适度通胀是一剂解决良药。因此,债权国应该早做准备、积极应对,在事前约束宽松货币行为,事后降低所造成的损失。

6.5 本章小结

本章对发达国家债务削减的未来选择及其影响进行了分析。首先,提出了

未来发达国家债务所面临的挑战,包括医疗成本的上升、债务长期利率的回归,经济增速的下移等,为理解未来发达国家债务困境提供了思路。

其次,从现实出发,重点分析了美日欧三大经济体未来债务削减的方式选择。发达国家将普遍采用财政紧缩、金融抑制和通货膨胀三种方式来削减债务,美日德法等大国违约的概率较小,而欧元区部分边缘国家可能会采取违约来削减债务。

不同国家对债务削减方式的选择侧重点不同。美国将更多采用金融抑制和通货膨胀来削减债务,尤其是在目前货币政策依然极度宽松的背景之下,美国未来货币政策很可能会退出过晚,以致出现较高通胀,使债务出现一次性"减免"。而提高通胀容忍度,配合金融抑制也将是美国债务削减的重要选择。日本继续实行金融抑制的空间非常有限,在通货紧缩压力之下,日本今后可能会寻求更加宽松的货币政策以刺激通胀,达到削减债务和走出通缩的双重目的。欧元区国家由于诸多政治因素的限制,以及货币政策的单一通胀目标制,使其采取通胀稀释债务的可能性小于美日两大经济体,财政紧缩和金融抑制将发挥更多作用。

再次,分析了发达国家债务削减方式所产生的潜在影响,它对世界经济的影响包括:增加了全球性通胀爆发的风险,给国际金融秩序带来不稳定,促使大宗商品价格上涨,并给发展中国家带来不利的外部冲击等。对中国经济的影响包括:外汇储备面临损失,不利的外部冲击增加,增加了宏观调控难度等。

最后,分析了债权国的应对措施,包括事前和事后。从事前来看,主要采取一些措施来约束美国等国的不负责任行为,具体措施包括联合债权人与美国博弈;加强区域协作和人民币国际化来削弱美元霸权等。从事后来看,降低美国量化宽松所造成的危害,具体措施包括加强资金流入管理和优化外汇资产配置等。

第 7 章　结论和未来研究方向

7.1　全文总结

发达国家未来将如何削减债务,我们可以从历史中去寻找答案。二战后,发达国家普遍面临比目前还高的债务,但后来都成功降到了合理水平。本书研究了 110 年 21 个发达国家的经验数据,试图从一个长周期内,去寻找债务削减的规律。在总结经验规律的基础上,我们从逻辑和理论上论证了其合理性。以期为未来观察发达国家政府债务削减问题提供一个参照。

本书首先从理论上分析了不同方式对债务削减的影响。通过对政府收支恒等式的分析,我们发现,政府债务削减方式主要有五种,分别是经济增长、财政紧缩、通货膨胀、金融抑制和公开违约。我们还分析了债务削减的可选路径。研究表明,如果赤字率为零,一国只要维持一定的名义 GDP 增速,即可在长期内削减债务。基于古典经济学家的平衡预算理念,我们认为,长期内通过促进名义 GDP 的快速增长是债务削减的理想方式。如果将名义 GDP 增长分解为实际 GDP 增长和通胀,将总赤字分解为基本赤字与利息,则可发现,如果基本赤字率为零,只要名义 GDP 增速高于债务名义利率,也可保证该国在长期内削减债务。鉴于财政紧缩在现实中存在扩张容易收缩难的问题,实际 GDP 增速在中期内等于其潜在增速,政府难以左右,实际利率大小便成为债务削减的决定性因素。而降低实际利率无非是提高通胀率和降低利率,因此削减债务的有效方式一方面是未预期的通胀,另一方面是通胀和金融抑制的搭配。

其次,对发达国家政府债务削减问题进行了实证分析。横截面样本为 21 个发达国家,时间区间为 1901—2010 年。通过跨国比较分析、计量分析和贡献度分解等方法,我们对发达国家债务削减的总体特性进行了研究。除此之外,还针对具体国家的经验进行了分析,包括美国经验、"PIIGS 五国"经验和英法日德等重要国家的经验,由于美国数据比较齐全且美国问题比较重要,本书重点分析了美国经验。我们不仅考察了债务利率和基本赤字在美国债务削减中的作用,还列举了一些美国政府采取的具体政策措施,为理解债务削减的历史提供了较好的论据。

通过理论与实证分析,本书得出了一些有意义的结论,其中核心结论包括:

(1) 名义 GDP 的快速增长是债务大幅削减的主要方式,财政盈余对债务削减的贡献大多为负。如果将债务削减归结为两个因素的变化,即名义 GDP 增速与总体赤字率。我们发现,债务削减较大的国家,名义 GDP 增速普遍较快,债务削减幅度较小的国家,名义 GDP 增速普遍较慢。而财政盈余对债务削减的贡献大多为负,即使债务削减幅度较大的国家,也存在一些赤字。

这是因为,债务是一个相对概念,即债务余额与名义 GDP 之比。长期来看,经济增长与通货膨胀会导致名义 GDP 显著提高,只要将赤字维持在合理水平,负债率自然会下降。财政盈余意味着高税负,不仅损害短期经济,还会导致政治家丢失选票,所以鲜有国家通过财政盈余来削减债务;对发达国家而言,理想的选择也许是将赤字维持在合理水平,通过促进名义 GDP 快速增长来削减债务。

(2) 如果将名义 GDP 增长分解为实际 GDP 增长和通货膨胀,我们发现,在幅度较大的债务削减历程中,通胀的贡献普遍高于经济增长。另外,名义 GDP 的波动也由通胀主导,其中,名义 GDP 增长与通胀的相关系数高达 0.95,与经济增长的相关系数仅为 0.48。这表明,尽管经济增长会在每次债务削减中发挥一定的作用,但如果要取得更大的削减空间,则需要发挥通胀的作用。

(3) 通货膨胀差异是影响债务削减幅度大小的关键因素。通过考察实际 GDP 增长、通胀和财政紧缩三种削减方式的作用大小,我们发现,通胀差异是影响债务削减幅度大小的关键因素,经济增长差异最小。稳健性分析表明这种差异不会因为削减幅度标准的变化而变化,计量结果显示这种差异是显著的。另外,通货紧缩对债务削减非常不利,债务削减幅度较小的国家,大部分像最近20年的日本一样陷入了通货紧缩。

这是因为,驱动名义GDP增长的两大因素为经济增长与通胀。从国别来看,各发达经济体发展程度差异较小,且一体化程度较高,经济增速会比较接近;从时期来看,一国长期经济增长等于其潜在增速,不同时期差异不大。因而,经济增长差异难以成为名义GDP增速差异的核心因素。而驱动名义GDP增长的另一个因素中,通胀水平却有很大差异,较高通胀水平会迅速稀释债务的实际值,通货紧缩则不利于债务人,导致陷入债务困境。以日本为例,近年来,该国债务不断膨胀,从1991年的48%急剧攀升到2010年的189%,其重要原因是该国持续出现的通缩。

(4)在债务削减过程中,发达国家普遍出现的是适度通胀,而非恶性通胀。从债务削减比例超过50%的样本来看,通胀平均值与中值分别为4.0%与3.6%,以二战后的情况为例,美国在1946—1974年的债务削减过程中,通胀平均值为3.3%,英国在1946—1973年的债务削减过程中,通胀平均值为4.9%,西班牙在1946—1973年的债务削减过程中,通胀略高一些,平均值为7.7%,但依然是适度通胀。

(5)在债务削减过程中,适度通胀与金融抑制组合效果最好。即在通胀上升时,政府通过人为手段抑制利率上升,来达到削减债务的目的。以美国为例,联邦总负债率从1946年的122%降至1974年的32.3%,其间通胀率平均为3.3%,债务加权名义利率平均为2.6%,实际利率为-0.7%。在债务最高的1946—1952年间,负债率从122%降至72.3%,期间通胀平均值为4.4%,债务加权名义利率平均为1.7%,实际利率为-2.7%,远低于其他可比时期。实际利率为负是这段债务削减时期的重要特征,而它是通胀与金融抑制搭配所产生的结果。

最后,我们从现实情况出发,重点分析了美日欧三大经济体未来债务削减的方式选择。由于人口老龄化以及经济衰退等原因,发达国家可能会持续面临高债务问题。在违约、经济增长、财政紧缩、通货膨胀与金融抑制五种常见的削减方式中,我们认为,美日德法等大国违约的概率较小,因为违约会导致其影响力下降,危机时这些国家央行可以充当最后贷款人。在余下的四种削减方式中,各国都会不同程度的依赖经济增长和财政紧缩来削减债务,但由于中期内经济增长等于潜在增速,政府难以左右,而财政紧缩在现实中又面临诸多障碍,所以发达国家要想取得更大的削减空间,将主要依靠通货膨胀和金融抑制。

不同国家对债务削减方式的选择侧重点会有所不同。适度通胀与金融抑制的搭配可能会成为美国削减债务的重要方式。在目前的背景之下,美国量化宽松的货币政策很可能会退出过晚,以致客观上出现较高通胀水平,令债务出现大幅削减。日本债务利率已经很低,继续实行金融抑制的空间有限,在通货紧缩压力存在的情况下,日本政府今后可能寻求更宽松的货币政策以刺激通胀,达到削减债务和走出通缩的双重目的。欧央行相对独立,其对通胀的容忍度小于其他国家,所以,通胀在欧元区债务削减中贡献应该小于美国,但依然是重要选项。对欧元区各国来说,基于共同货币的原因,西班牙等国通过违约削减债务的概率较大,而财政纪律及增长前景较好的德国、荷兰等国,可能会更多依靠财政紧缩与经济增长来削减债务。

7.2　未来研究的方向

本书理论上尚需要构建模型,以解决不同削减方式搭配最优化问题。这样就可以判断,一国在什么情况下,应该采取何种相应的削减措施。

实证上,本书在跨国经验比较时,没有考虑利率影响,这源于本书数据的可得性。后续研究可继续探寻和收集这方面数据,并分析利率在跨国经验中的作用。另外,实证研究时,没有考虑汇率影响,进一步的研究可以考虑外债比例情况下,汇率因素对债务削减影响。

本书探讨了部分发达国家的经验,但除美国以外,尚未就各国债务削减所采取的具体政策措施予以回答,没有明确各国在历史背景下,所采取的债务削减方式所呈现的特点。

附录:1901—2010 年 21 个样本国家负债率

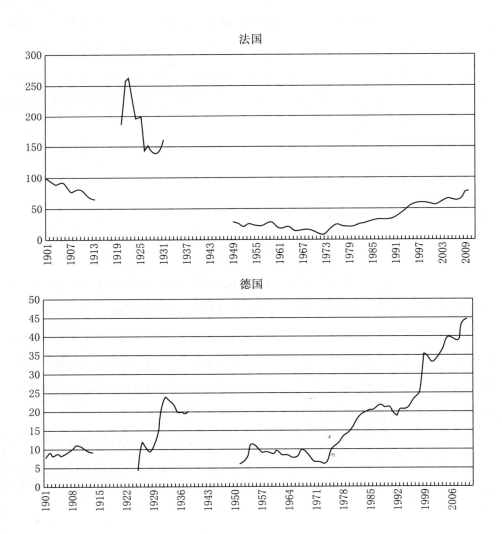

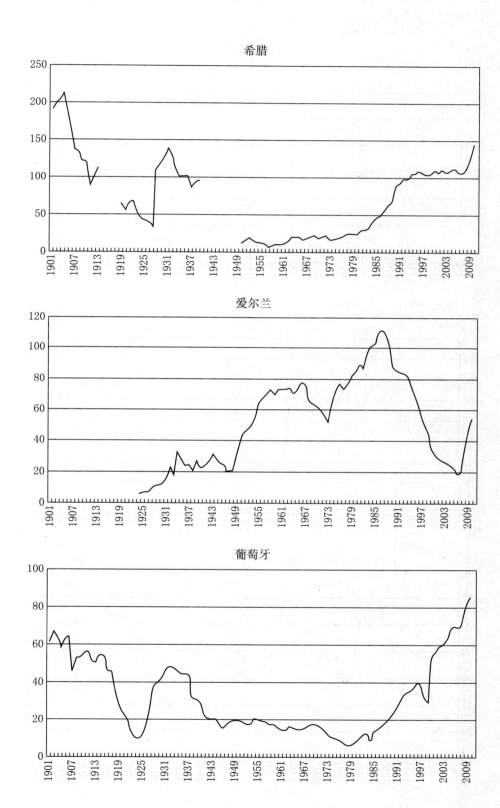

希腊

爱尔兰

葡萄牙

西班牙

意大利

比利时

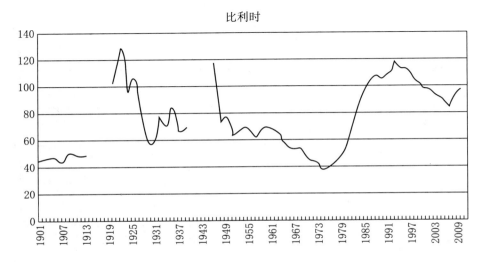

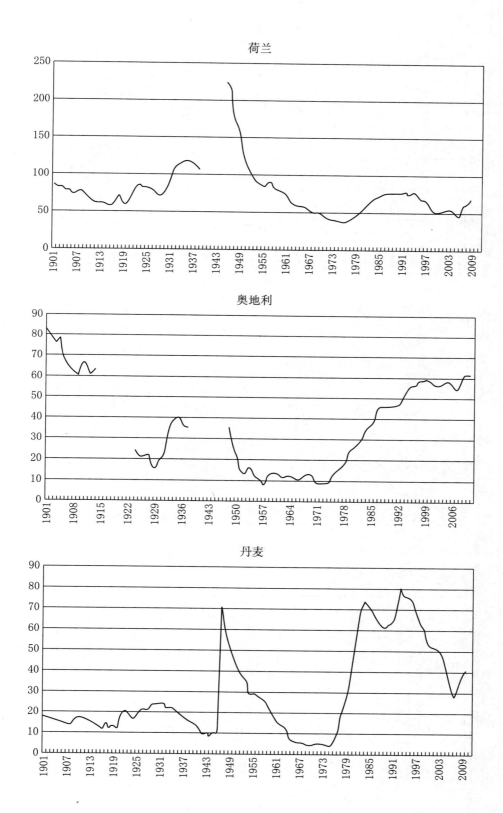

荷兰

奥地利

丹麦

芬兰

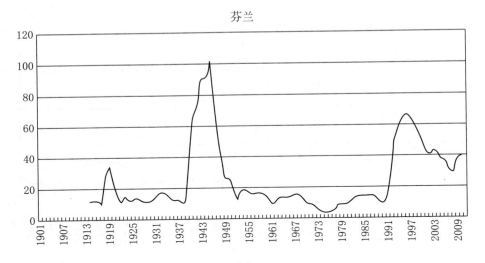

瑞典

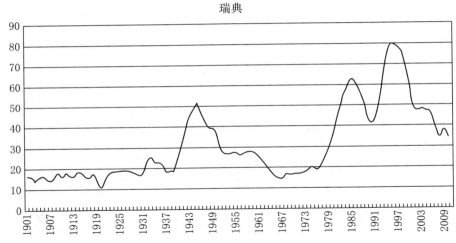

瑞士

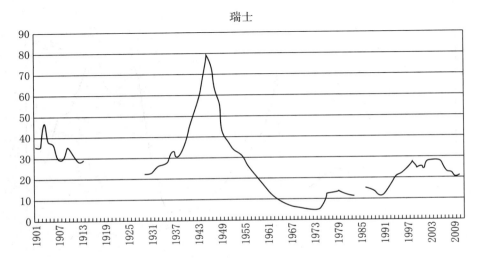

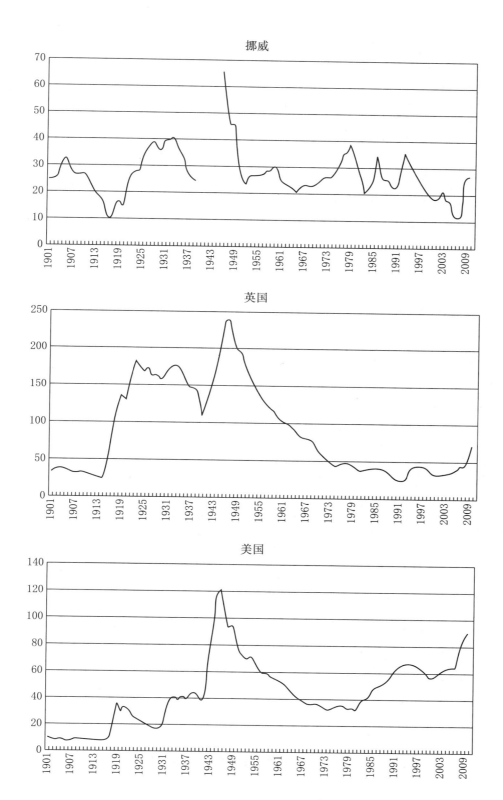

挪威

英国

美国

加拿大

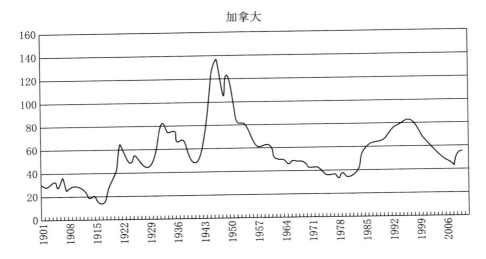

澳大利亚

新西兰

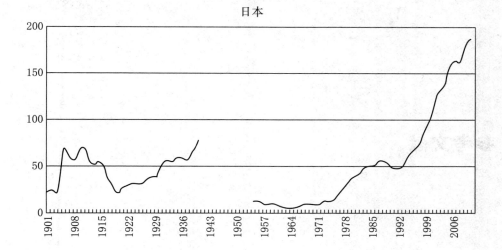

参考文献

Aguiar, M. and Gopinath, G., "Defaultable Debt, Interest Rates, and the Current Account", *Journal of International Economics*, 2006. Vol.69, pp.64—83.

Aizenman, J. and Guidotti, P., "Capital Controls, Collection Costs and Domestic Public Debt", *Journal of International Money and Finance*, 1994(2), pp.41—54.

Aizenman, J. and Marion, N., "Using Inflation to Erode the U. S. Public Debt", NBER Working Paper, 2009.

Alejandro, C. F. D., "Stories of the 1930s for the 1980s" In Financial Policies and the World Capital Market: The Problem of Latin American Countries, ed. Pedro Aspe Armella, Rudiger Dorn-busch, and Maurice Obstfeld, 1983, pp. 5—40, Chicago and London: University of Chicago Press.

Alesina, A., Perotti, R. and Tavares, J., "The Political Economy of Fiscal Adjustments", Brookings Papers on Economic Activity, Spring, 1998.

Alesina, A. and Drazen, A., "Why are Stabilizations Delayed?" *American Economic Review*, 1991(81), pp.1170—88.

Alesina, A. and Perotti R., "Fiscal Expansions and Adjustments in OECD Countries", *Economic Policy*, 1995(21), pp.207—47.

Alesina, A., Grilli V. and Ferretti G.M., "The Political Economy of Capital Controls", NBER Working Paper, 1993.

Alesina, A. and Ardagna, S., "Tales of fiscal adjustment", *Economic Policy*. Vol.13, Issue 27,

1998(10). pp.487—545.

Alesina, A. and Ardagna, S., "Large Changes in Fiscal Policy: Taxes versus Spending", NBER Working Paper, 2009.

Amador, M., "A Political Economy Model of Sovereign Debt Repayment", http://www.stanford.com/~amador/debt.pdf.2003.

Arellano, C., "Default Risk and Income Fluctuations in Emerging Economies", *American Economic Review*, 2008, 98(3), pp.690—712.

Arráiz, I., "Default and Settlement: Payment Resumption and Disclosure of Information", Working Paper, 2006.

Arteta, C. And Hale, G., "Sovereign Debt Crises and Credit to the Private Sector", *Journal of International Economics*, 2008, 74(1), pp.53—69.

Bai, C.E., Li D.D., Qian Y.Y., and Wang Y.J., "Financial Repression and Optimal Taxation", *Economic Letters*, 2001, 70(2), pp.245—251.

Barro, R.J., "On the Determination of the Public Debt", *Journal of Political Economy*, 1979. 87(5), pp.940—71.

Barro, R.J. and Gordon, D.B., "Rules, Discretion and Reputation in a Model of Monetary Policy", NBER Working Paper, 1983.

Benjamin, D., and Wright M.L.J., "Recovery before Redemption? A Theory of Delays in Sovereign Debt Renogiations", *Journal of Monetary Economics*, 2008.

Blanchard, O. J. "Debt, Deficits, and Finite Horizons", *Journal of Political Economy*, Vol.93, No.2, 1985(4), pp.223—247.

Blanchard, O.J., and Perotti R., "An Empirical Investigation of the Dynamic Effects of Changes in Government Spending and Revenues on Output", *Quarterly Journal of Economics*, 2002(11), pp.1329—1368.

Borensztein, E. and Panizza U., "The Costs of Sovereign Default", IMF Staff Papers, 2008.

Borensztein, E. and Panizza U., "Do Sovereign Defaults Hurt Exporters?" *Open Economies Review*, 2010.

Bulow, J., and Rogoff K.S., "Sovereign Debt: Is to Forgive to Forget?" *American Economic Review*, 1989(a), 79(1), pp.43—50.

Bulow, J., and Rogoff K.S., "A Constant Recontracting Model of Sovereign Debt", *Journal of Political Economy*, 1989(b), 97(1), pp.155—78.

参考文献

Calvo, G.A. and Guidotti P.E., "Credibility and Nominal Debt: Exploring the Role of Maturity in Managing Inflation", IMF Staff Papers, 1990, 37(3).

Calvo, G.A., "Is Inflation Effective in Liquidating Short-Term Nominal Debt?" IMF Working Paper, 1989.

Calvo, G.A. and Guidotti P.E., "On the Flexibility of Monetary Policy: The Case of the Optimal Inflation Tax", *The Review of Economic Studies*, 1993, 60(3), pp.667—687.

Calvo, G.A. and Obstfeld M., "Time Consistency of Fiscal and Monetary Policy: A Comment", *Econometrica*, 1990(58), pp.1245—47.

Cecchetti, S.G., Mohanty, M.S., and Zampolli F., "The Future of Public Debt: Prospects and Implications", Bank for International Settlements(BIS), Working Paper No.300, pp.8—9.

Checherita, C. and Rother P., "The Impact of High and Growing Government Debt on Economic Growth: an Empirical Investigation for the Euro Area", ECB Working Paper, 2010.

Chowdhry, B., "What Is Different about International Lending?" *Review of Financial Studies*, 1991, 4(1), pp.121—48.

Cochrane, J., "Understanding Policy in the Great Recession: Some Unpleasant Fiscal Arithmetic", *European Economic Review*, 2011, 55. pp.2—30.

Cole, H.L., and Kehoe, P.J., "Models of Sovereign Debt: Partial versus General Reputations", *International Economic Review*, 1998, 39(1), pp.55—70.

Cole, H.L., and Kehoe, T.J., "Self-fulfilling Debt Crises", *Review of Economic Studies*, 2000, 67(1), pp.91—116.

Cole, H.L., Dow, J. and William B. English, "Default, Settlement, and Signalling: Lending Resumption in a Reputational Model of Sovereign Debt", *International Economic Review*, 1995, 36(2), pp.365—85.

Cooper, R.N., "Currency Devaluation in Developing Countries", Essays in International Finance, No.86, 1971.

Davig, T., Leeper, E.M. and Walker, T.B., "Inflation and the Fiscal limit", *European Economic Review*, 2011, 55, pp.31—47.

De Paoli, B., Hoggarth, G. and Saporta, V., "Costs of Sovereign Default", Bank of England Financial Stability Paper, 2006.

Dell'Ariccia, G., Schnabel, I. and Zettelmeyer, J., "How Do Offcial Bailouts Affect the Risk of

Investing in Emerging Markets?" *Journal of Money, Credit, and Banking*, 2006, 38(7), pp.1659—1714.

Eaton, J., and Fernandez, R., "Sovereign Debt" In Handbook of International Economics", Vol.3, ed. Gene M. Grossman and Kenneth S. Rogoff, 1995. pp.2031—77. Amsterdam: New York and Oxford: Elsevier, North-Holland.

Eaton, J. and Gersovitz, M., "Debt with Potential Repudiation: Theoretical and Empirical Analysis", *The Review of Economic Studies*, 1981, 48(2), pp.289—309.

Engen, E.M. and Hubbard, R.G., "Federal Government Debt and Interest Rates", NBER Macroeconomics Annual 2004, No.19:83—138.

English, W.B., "Understanding the Costs of Sovereign Default: American State Debts in the 1840's", *American Economic Review*, 86(1):1996. 259—75.

Fernandez, R. and Rosenthal, R.W., "Strategic Models of Sovereign Debt Renegotiati-Ons", *The Review of Economic Studies*, 1990, 57(3), pp.331—349.

Flandreau, M., and Zumer, F., "The Making of Global Finance 1880—1913. Paris and Washington", D.C. OECD, 2004.

Frankel, J.A., "Mundell-Fleming Lecture: Contractionary Currency Crashes in Developing Countries", IMF Staff Papers, 2005, 52(2), pp.149—92.

Fuentes, M., and Saravia D., "Sovereign Defaulters: Do International Capital Markets Punish Them?" *Journal of Development Economics*, 2010.

Gagnon, J.E. and Hinterschweiger M., "The global outlook for government debt over the next 25 years: implications for the economy and public policy", Peterson Institute for International Economics, 2011.

Gale, W.G. And Orszag P.R, "Budget Deficits, National Saving, and Interest Rates", Brookings Papers on Economic Activity, 2004, No.2.

Giavazzi, Francesco and Marco Pagano, "Can Severe Fiscal Contractions be Expansionary? Tales of Two Small European Countries", NBER Working Papers, 1990.

Giavazzi, F. and Pagano, M., "Non-Keynesian Effects of Fiscal Policy Changes: International Evidence and the Swedish Experience", NBER Working Papers, 1996.

Giovannini, A. and De Melo, M., "Government Revenue from Financial Repression", American Economic Review, 1993, 83(4), pp.953—963.

Gruber, J.W. and Kamin S.B., "Fiscal Positions and Government Bond Yields in OECD Coun-

参
考
文
献

tries", FRB International Finance Discussion Paper, No.1012, Board of Governors of the Federal Reserve.

Hall, G.J. and Sargent, T.J., "Interest Rate Risk and Other Determinants of Post-WWII U.S. Government Debt/GDP Dynamics", NBER Working Paper, 2010.

Kaletsky, A., "The Costs of Default", New York: Priority Press, 1985.

Kinoshita, N., "Government Debt and Long-term Interest Rates", IMF Working Papers, 2006 wp/06/63.

Kletzer, K.M., "Sovereign Immunity and International Lending", In Handbook of International Macroeconomics, ed. Frederick van der Ploeg, Malden, Mass. and Oxford: Blackwell, 1994, pp.439—79.

Kletzer, K. M. and Wright, B. D., "Sovereign Debt as Intertemporal Barter", *American Economic Review*, 2000. 90(3), pp.621—39.

Krause, M.U. and Moyen S., "Public Debt and Changing Inflation Targets", Deutsche Bundesbank, 2011.

Kumar, M.S. and Woo, J., "Public Debt and Growth", IMF Working Paper, 2010.

IMF, Macro-Fiscal Implications of Health Care Reform in Advanced and Emerging Economies, 2010(12), Washington.

IMF, Recent Experiences in Managing Capital Inflows—Cross-Cutting Themes and Possible Policy Framework, 2011(2).

Lanau, S., "Essays on Sovereign Debt Markets", Unpublished, 2008.

Laubach, T., "New Evidence on The Interest Rate Effects of Budget Deficits and Debt", *Journal of the European Economic Association*, 2009, No.4:858—85.

Levy-Yeyati, E. And Panizza U., "The Elusive Costs of Sovereign Defaults", Inter-American Development Bank Research Department, Working Paper, 2006.

Levy-Yeyati, E., "Optimal Debt? On the Insurance Value of International Debt Flows to Developing Countries", *Open Economies Review*, 2009, 20, pp.489—507.

Lindert, P. H. and Peter, J. Morton, "How Sovereign Debt Has Worked" In Developing Country Debt and Economic Performance, Vol.1: The International Financial System, ed. Jeffrey Sachs, 1989, pp.39—106, Chicago and London: University of Chicago Press.

Maddison, A., "Statistics on World Population, GDP and Per Capita GDP, 1—2008 AD", http://www.ggdc.net/MADDISON/oriindex.htm, 2010.

Manasse, P., Roubini N. and Schimmelpfennig A., "Predicting Sovereign Debt Crises", IMF Working Paper, 2003.

McKinnon, R. I., "Money and Capital in Economic Development", Washington: Brookings Institution, 1973.

Mendoza, E.G. and Yue, V.Z., "A Solution to the Default Risk-Business Cycle Disconnect", NBER Working Paper, 2008.

Mitchener, K. J. and Weidenmier M. D., "Supersanctions and Sovereign Debt Repayment", NBER Working Paper, 2005.

Nelson, R.M., "Sovereign Debt in Advanced Economies: Overview and Issues for Congress", Congressional Research Service Report for Congress, 2012.

Özler, S., "Have Commercial Banks Ignored History?" *American Economic Review*, 1993, 83 (3), pp.608—20.

Panizza, U., Sturzenegger, F. and Zettelmeyer, J., "The Economics and Law of Sovereign Debt and Default", *Journal of Economic Literature*, 2009, 47(3), pp.1—47.

Pitchford, R., and Mark L.J. Wright, "Restructuring the Sovereign Debt Restructuring Mechanism", Working Paper, 2007.

Ramzi Salman, "The US Dollar And Oil Pricing Revisited", Middle East Economic Survey, 2004.

Reinhart, C.M., Kirkeegard, J. and Sbrancia B., "Financial Repression Redux", *Finance and Development*, Vol.48, No.2, 2011(6).

Reinhart, C.M., Reinhart, V.R. and Rogoff, K.S., "Debt Overhangs: Past and Present", NBER Working Paper, 2012.

Reinhart, C.M. and Rogoff, K.S., "This Time Is Different: A Panoramic View of Eight Centuries of Financial Crises", NBER Working Paper, 2008(a).

Reinhart, C.M. and Rogoff, K.S., "Banking Crises: An Equal Opportunity Menace", NBER Working Paper, 2008(b).

Reinhart, C. M. and Rogoff, K. S., *This Time is Different: Eight Centuries of Financial Folly*, Princeton Press, 2009(a).

Reinhart, C.M. and Rogoff, K.S., "The Aftermath of Financial Crises", NBER Working Paper, 2009(b).

Reinhart, C.M. and Rogoff, K.S., "Growth in a Time of Debt", NBER Working Paper, 2010(a).

参
考
文
献

Reinhart, C.M. and Rogoff, K.S., "From Financial Crash to Debt Crisis", NBER Working Paper, 2010(b).

Reinhart, C.M. and Rogoff, K.S., "The Forgotten History of Domestic Debt", *The Economic Journal*, 2011, 121(5), pp.319—50.

Reinhart, C.M. and Sbrancia, M.B., "The Liquidation of Government Debt", Peterson Institute for International Economics Working Paper, 2011.

Reinhart, C.M., Rogoff, K.S., and Miguel, A.S., "Debt Intolerance", Brookings Papers on Economic Activity, 2003, 1. pp.1—62.

Richmond, C., and Dias, D.A., "Duration of Capital Market Exclusion: Stylized Facts and Determining Factors", Working Paper, 2008.

Rose, A.K., "One Reason Countries Pay Their Debts: Renegotiation and International Trade", *Journal of Development Economics*, 2005, 77(1), pp.189—206.

Sandleris, G., Gelos G. and Sahay R., "Sovereign Borrowing by Developing Countries: What Determines Market Access?" IMF Working Paper, 2004.

Sandleris, G., "Sovereign Defaults: Information, Investment and Credit", Society for Economic Dynamics, Meeting Papers 2005.

Sbrancia, M.B., *Debt, Inflation and the Liquidation Effect*, University of Maryland, College Park. Mimeograph, 2011.

Shaw, E.S., *Financial Deepening in Economic Development*, New York: Oxford University Press, 1973.

Spolaore, E., "Policy Making Systems and Economic Efficiency, Coalition Governments vs Majority Government", Harvard University. Unpublished paper, 1993.

Spaventa, L., "The Growth of Public Debt: Sustainability, Fiscal Rules, and Monetary Rules", IMF Staff Papers. Vol.34, No.2, 1987(6), pp.374—99.

Sturzenegger, F. and Zettelmeyer, J., "Haircuts: Estimating Investor Losses in Sovereign Debt Restructurings, 1998—2005", *Journal of International Money and Finance*, 2008, 27(5), pp.780—805.

Sturzenegger, F. and Zettelmeyer, J., *Debt Defaults and Lessons from a Decade of Crises*, Cambridge: MIT Press, 2006.

Sturzenegger, F., "Toolkit for the Analysis of Debt Problems", *Journal of Restructuring Finance*, 2004.1(1), pp.201—03.

Sutherland, A., "Fiscal Crises and Aggregate Demand: Can High Public Debt Reverse the Effects of Fiscal Policy?" *Journal of Public Economics*, 1997(65), pp.147—62.

Tavares J., "Does right or left matter? Cabinets, Credibility and Fiscal Adjustments", *Journal of Public Economics*, 2004(88), pp.2447—468.

Tomz, M., *Reputation and International Cooperation: Sovereign Debt across Three Centuries*, Princeton and Oxford: Princeton University Press, 2007.

Tomz, M. and Wright, M.L.J., "Do Countries Default in "Bad Times?" *Journal of the European Economic Association*, 2007, 5:2—3, pp.352—60.

Von Hagen, J. amd Strauch, R.R., "Fiscal Consolidations: Quality, Economic Conditions, and Success", *Public Choice*, 2001(109), No.3—4, pp.327—346.

Wright, M.L.J., *Reputations and Sovereign Debt*, Stanford University, 2002.

Yue, V.Z., "Sovereign Default and Debt Renegotiation", *Journal of International Economics*, Vol.80, Issue 2, 2010(3), pp.176—87.

(英)B.R.米切尔编,贺力平译:《帕尔格雷夫世界历史统计欧洲卷、美洲卷、亚洲非洲和大洋洲卷 1750—1993(第四版)》,经济科学出版社 2002 年版。

巴里·埃森格林:《嚣张的特权——美元的兴衰和货币的未来》,中信出版社 2011 年版。

贝多广:《外债规模和外债结构》,《国际金融研究》1990 年第 4 期。

蔡彤娟、黄瑞刚:《欧元区主权债务危机的治理方案分析》,《国际金融研究》2010 年第 9 期。

陈彪如:《国际支付危机和债务危机》,《世界经济》1984 年第 7 期。

陈建青:《适度外债规模区间及其确定》,《经济研究》1990 年第 10 期。

陈志昂、朱秋琪、胡贤龙:《经济全球化视角下的"夹层效应"——从结构性矛盾看欧洲主权债务危机》,《上海金融》2010 年第 6 期。

戴建中:《拉美债务危机和东南亚金融危机比较研究》,《国际金融研究》1999 年第 8 期。

戴月明:《拉丁美洲的债务危机与出路》,《世界经济研究》1993 年第 5 期。

丁忠明、王振富:《我国国债风险的实证分析》,《管理世界》2001 年第 3 期。

窦智海:《改进和加强短期外债管理的思考》,《南方金融》2007 年第 1 期。

耿超:《中国外债观察:货币政策值得关注》,《统计研究》2010 年第 10 期。

郭春松、高婧:《美欧主权债务危机的影响及应对》,《中国金融》2011 年第 19 期。

何帆、金惠卿:《警惕英国的主权债务风险》,《中国金融》2010 年第 9 期。

何帆:《从金融危机到主权债务危机》,《国际经济评论》2010 年第 3 期。

贺力平:《希腊债务危机的国际影响和借鉴》,《经济学动态》2010 年第 7 期。

黄静茹：《关于解决主权国家债务危机问题的观点综述》，《经济学动态》2004 年第 3 期。

黄中发：《对我国外债管理几个问题的认识》，《管理世界》1992 年第 1 期。

江时学：《阿根廷危机的来龙去脉》，《国际经济评论》2002 年第 Z1 期。

金洪飞：《外债的期限结构与货币危机》，《金融研究》2003 年第 6 期。

兰发钦：《九十年代中国外债适度规模的定量研究》，《数量经济技术经济研究》1993 年第 3 期。

李稻葵、张双长：《欧洲债务危机：预判与对策》，《经济学动态》2010 年第 7 期。

李东荣：《关于主权债务危机的若干思考》，《中国金融》2010 年第 5 期。

李和国：《外债管理中的困境与债务国的经验教训》，《世界经济》1992 年第 8 期。

李华：《我国外债管理系统的模式选择及完善》，《国际金融研究》2002 年第 9 期。

李石凯、刘昊虹：《日本主权债务问题的全球影响》，《中国金融》2011 年第 19 期。

李晓宇：《我国外债发行现状及"九五"后两年政策选择》，《财经研究》1998 年第 12 期。

李则兆、冯恒：《发展中国家的债务危机及其对策》，《世界经济》1990 年第 5 期。

李壮飞：《发展中国家的外债管理》，《世界经济》1986 年第 5 期。

林伯强：《外债风险预警模型及中国金融安全状况评估》，《经济研究》2002 年第 7 期。

刘星、阎庆民：《区域性外债规模的实证分析》，《金融研究》2003 年第 5 期。

刘迎霜：《欧元区主权债务危机分析》，《国际贸易问题》2011 年第 11 期。

刘元春、蔡彤娟：《论欧元区主权债务危机的根源与救助机制》，《经济学动态》2010 年第 6 期。

卢新德：《南朝鲜的外债结构及其启示》，《世界经济》1990 年第 12 期。

马君潞：《发展中国家债务危机回顾与展望》，《南开经济研究》1991 年第 6 期。

毛卫民：《略论外债管理体制的改革》，《经济体制改革》1991 年第 4 期。

孙敬水、项贤勇：《中国外债风险的经验分析》，《世界经济》2001 年第 8 期。

孙玲芳：《试论我国企业外债风险管理》，《中央财经大学学报》2006 年第 7 期。

孙晓兰：《试论我国最优外债币种结构的确定》，《国际金融研究》1992 年第 3 期。

唐宇华：《八十年代撒哈拉以南非洲国家的债务危机与国际减缓措施》，《世界经济》1990 年第 8 期。

王进：《关于中国的外债管理改革的建议》，《世界经济研究》1991 年第 3 期。

王培志、李红：《我国企业外债风险及规避策略探析》，《财政研究》2006 年第 5 期。

王天龙：《主权债务危机阴影下的欧元区经济：形势及展望》，《宏观经济研究》2011 年第 4 期。

王小琪：《近年来国际债务危机已趋缓和》，《金融研究》1992 年第 6 期。

王晓雷：《负债率、债务率、偿债率与储备债务系数——20 年来我国外债变动分析》，《上海经济研究》2007 年第 2 期。

王旭祥:《当前我国隐性外债的形式、影响及其监控》,《上海金融》2006 年第 2 期。

王振富:《我国外债风险的实证研究》,《上海经济研究》2001 年第 12 期。

向炎珍:《政府外债预算管理改革与外资审计深化问题的探讨》,《审计研究》2001 年第 5 期。

谢世清:《历次主权债务危机的成因与启示》,《上海金融》2011 年第 4 期。

熊厚:《主权债务危机下的欧洲财政改革》,《国际问题研究》2011 年第 5 期。

熊义明、潘英丽、吴君:《发达国家政府债务削减的经验分析》,《世界经济》2013 年第 4 期。

熊义明、潘英丽:《发达国家主权债务的未来削减方式》,《上海金融》2013 年第 6 期。

徐明棋:《欧元区国家主权债务危机、欧元及欧盟经济》,《世界经济研究》2010 年第 9 期。

阎衍:《论我国外债结构》,《金融研究》1992 年第 4 期。

杨大楷:《国家外债规模的理论与实践》,《财经研究》1993 年第 4 期。

杨恩群:《中国外债的规模、结构与风险分析》,《数量经济技术经济研究》1998 年第 11 期。

杨炘、陈展辉:《中国宏观外债适度规模研究》,《数量经济技术经济研究》2001 年第 11 期。

杨炘、陈展辉:《中国外债最优结构研究:人工神经网络方法》,《系统工程学报》2002 年第 4 期。

姚长辉:《关于举借外债与经济增长关系的理论与实证分析》,《管理世界》1994 年第 3 期。

姚遂、方兴:《我国外债规模问题研究》,《国际金融研究》1997 年第 10 期。

尹振涛:《欧洲主权债务危机面临的困境与启示》,《中国金融》2010 年第 9 期。

余天心、王石生:《外债规模与风险的国际比较和分析》,《财经科学》1997 年第 3 期。

余永定:《从欧洲主权债危机到全球主权债危机》,《国际经济评论》2010 年第 6 期。

张茉楠:《试析发达经济体的主权债务危机风险》,《国际问题研究》2010 年第 4 期。

章辉:《我国外债风险分析》,《国际金融研究》2004 年第 7 期。

赵全厚:《外债风险及控制外债风险的财政政策》,《财政研究》1999 年第 10 期。

郑宝银、林发勤:《欧洲主权债务危机及其对我国出口贸易的影响》,《国际贸易问题》2010 年第
7 期。

郑航滨:《外债管理预警指标体系的实证研究》,《上海金融》2003 年第 9 期。

周茂荣、杨继梅:《"PIIGS 五国"主权债务危机及欧元发展前景》,《世界经济研究》2010 年第
11 期。

邹欣:《警惕中国外债的潜在风险》,《宏观经济研究》2005 年第 7 期。

后　记

　　转眼之间，四年的博士生涯即将结束。而我，也渐渐到了而立之年。回首四年的交大时光，不觉感慨万千，尽管有许多艰辛，但在许多老师、同学和亲人的帮助下，我顺利地克服了困难。

　　首先，感谢我的导师潘英丽教授。她睿智博学，大气洒脱，善于发现问题，并提出独到的见解，在我的博士论文写作过程中，她倾注了许多心血，从论文的选题到分析论证，以及小论文的写作方面都给予我许多指导。她还教会我许多为人处世的道理，如踏踏实实做事，以及乐观向上的心态等，令我受益终身。

　　其次，感谢许多老师和同学对我的帮助。胡海鸥老师、胡雪萍老师、吴信如老师、李巍老师、钱军辉老师、朱喜老师等，不仅对我的博士论文进行了热心指导，还对我的课程学习提供了许多帮助，在此表示感谢。许红伟、盖庆恩、刘建丰、吴君、高国华和李文等同学，给了我许多学习和生活上的帮助，也在此表示感谢。还要感谢我硕士期间的室友陈普和邹昆仑同学，通过和他们的交流，我学到了很多知识。

　　再次，感谢我的爸爸妈妈和姐姐，他们永远是我最坚强的后盾。还要特别感谢我的女朋友吴倩倩，三年前，她辞去武汉的工作，毅然追随我来到上海，读博期间，她默默的等待，让我感到非常温暖，更是激励我前进的动力。

最后，感谢从论文开题、盲审到答辩的各位评审专家，你们的辛勤付出为本文的完善作出了突出贡献。

2013 年 6 月 15 日于
上海交通大学法华校区南楼 208

图书在版编目(CIP)数据

发达国家主权债务削减方式研究/熊义明著.—上海:格致出版社:上海人民出版社,2014
(上海交通大学现代金融研究中心系列丛书)
ISBN 978-7-5432-2411-7

Ⅰ.①发… Ⅱ.①熊… Ⅲ.①发达国家-财政信用-研究 Ⅳ.①F830.5

中国版本图书馆 CIP 数据核字(2014)第 131716 号

责任编辑 彭 琳
装帧设计 人马艺术设计·储平

上海交通大学现代金融研究中心系列丛书

发达国家主权债务削减方式研究

熊义明 著

出 版	世纪出版股份有限公司 格致出版社 世纪出版集团 上海人民出版社 (200001 上海福建中路193号 www.ewen.cc)	印 刷	浙江临安曙光印务有限公司
		开 本	787×1092 1/16
		印 张	9.25
	编辑部热线 021-63914988 市场部热线 021-63914081 www.hibooks.cn	插 页	2
		字 数	138,000
		版 次	2014 年 8 月第 1 版
发 行	上海世纪出版股份有限公司发行中心	印 次	2014 年 8 月第 1 次印刷

ISBN 978-7-5432-2411-7/F·766　　　　　　　　　　　　　　定价:30.00 元